유대인에게 유머는 지적인 양식의 하나다.

유대인들의 구약 성경에는 두 가지가 있다.
글로 쓴 성경인 '모세오경(토라)'과 구전되어 내려오 '장로의 유전'이다.
'장로의 유전'을 보존하기 위해 글로 정리한 내용에
현자들이 주석을 달아 완성한 것이 탈무드다.

IQ · EQ 박사 현용수의 유대인 자녀교육 총서
탈무드 시리즈 6

탈무드의 웃음

1판 1쇄 (동아일보, 2009년 5월 11일)
1판 4쇄 (동아일보, 2013년 5월 20일)
2판 1쇄 (도서출판 쉐마, 2017년 6월 1일)

저자 | 마빈 토카이어
편역자 | 현용수
펴낸곳 | 도서출판 쉐마
등록 | 2004.10.27
   제315-2006-000033호
주소 | 서울시 강서구 공항대로71길 54
   (염창동, 태진한솔아파트 상가동 3층)
전화 | 02-3662-6567
팩스 | 02-2659-6567
이메일 | shemaiqeq@naver.com
홈페이지 | http://www.shemaIQEQ.org
총판 | 한국출판협동조합(일반) 070-7116-1740
   생명의 말씀사(기독교) 02-392-4232

Copyright ⓒ 현용수(Yong Soo Hyun), 2016
본서에 실린 자료는 저자의 서면 허가 없이 복제를 금합니다.
Duplication of any forms can't be published without written permission.

ISBN 978-89-91663-76-3
ISBN 978-89-91663-72-5 (세트)

값 17,000원

돌판 쉐마 는 무너진 교육을 세우기 위한 대안으로
인성교육과 쉐마교육의 원리와 실제를 연구하여 보급합니다.

IQ·EQ 박사 현용수 편저 **탈무드 시리즈 6**

고난을 이기려면 웃어라

마빈 토카이어 외 3인 지음 · **현용수** 편역

쉐 마

[한국 독자들에게 드리는 말씀]

    내가 미국 공군으로 한국에서 근무할 때 가졌던 몇 년 간의 좋은 추억들을 기억합니다. 이제 존경하는 현용수 박사가 유대주의에 대한 나의 저서들을 한국말로 번역한다는 소식을 듣고 매우 기쁘게 생각합니다.

    한국인과 유대인은 공통점이 매우 많은 민족입니다. 그리고 매우 비슷한 가치들을 나눌 수 있습니다. 그리고 서로 많은 것들을 배울 수 있습니다.

    나는 유대주의의 이상들이 갖고 있는 정신과 유대인 역사의 교훈 그리고 유대인의 생존법이 한국인들에게 가치 있는 메시지가 되리라 믿습니다. 한국인들이 유대주의에 대해 어떻게 반응하는지 서로 메시지를 나누어 듣기를 기대합니다.

마빈 토카이어

Rabbi Marvin Tokayer
17 Gay Drive
Great Neck, NY 11024

A Personal Message from the Author

I remember so favorably my years in Korea when I was with the U.S. Air Force. I am now so honored that the Rev. Dr. Yong-Soo-Hyun will be translating my books on Judaica into the Korean language. The Korean people and the Jewish people have so much in common, and share so many similar values, and have much to be learned from each other. I trust that the spirit of Jewish ideas, and the message of Jewish history and survival, will be of value to Koreans. I look forward to receiving messages from Korea sharing reactions from the voice of the Jewish experience.

Best wishes,

Rabbi Marvin Tokayer

[LA타임스 현용수 교수 특집 보도]

Los Angeles Times

SATURDAY, JULY 13, 2002   Religion

'We have to learn the secrets of the Jews.'
The Rev. Yong-Soo Hyun

The Rev. Yong-Soo Hyun, left, who has immersed himself in the study of Orthodox Judaism, meets with Rabbi Yitzchok Adlerstein at a Shabbat meal.

Taking a Cue From Jews' Survival

Culture: Minister studies Orthodox Judaism to teach Korean Americans how to educate children, help churches thrive.

By TERESSA WATANABE
TIMES STAFF WRITER

The Rev. Yong-Soo Hyun says God called him to abandon a well-paying engineering career 20 years ago in favor of Christian ministry.

So what is he doing shepherding a group of Korean visitors around Southern California to attend a Shabbat dinner, an Orthodox Jewish temple and a lecture by a Jewish rabbi on how to keep children holy?

Hyun, 53, may be the biggest booster of traditional Jewish education in all of Korean America.

It is, he tells you, the antidote to the loss of cultural identity and religious grounding he sees in successive generations of Koreans here.

So the minister now writes books, conducts tours and has even opened the Shema Education Institute to teach Koreans the Jewish "secrets of survival."

"For Korean churches to survive in America, we have to successfully pass down the word of God from generation to generation, just as Jews have done since the time of Moses," said Hyun, a short, dynamic man with an easy grin. "We have to learn the secrets of the Jews."

Hyun, who immigrated to the United States in 1975 at age 26, says he sees several parallels between Korea and Israel.

Both, he says, are small nations surrounded by large and sometimes menacing neighbors.

Both, he says, prospered when their people honored God and became imperiled when they did not. The Israeli captivity in Babylonia, he says, mirrors the Korean colonization by Japan.

His fascination with traditional Judaism was sparked 12 years ago, when he was a doctoral student at Biola University. He was studying the philosophy of Christian education and wrote a term paper comparing secular education with traditional Jewish education.

What struck him, he says, was the way Jewish education seemed to produce children who were intellectually excellent, honed through hours of Torah training and Socratic-style questioning, as well as religiously pious and morally grounded.

Traditional Jews seemed to keep family ties strong, with fewer generation gaps than he says he found in his own community, and low divorce rates.

Persistence Pays Off

Trying to learn more about Jewish religious education, however, wasn't easy. He called the Orthodox Yeshiva University in Los Angeles but says he was told it was not open to non-Jews. He called again and was told the same thing. The third time, he said he began to argue with the rabbi on the other end:

"Why do you want to hide? God gave the Torah not just for you but also to shine for all nations. If you teach us the secrets of survival, how to keep your children holy, I will teach this to the Koreans. This will be good for you and good for God," Hyun said he told the rabbi.

There was a pause. Then the rabbi gave him the name and number of Rabbi Yitzchok Adlerstein, a professor of Jewish law at Loyola University and prominent member of the Orthodox community known for reaching out to non-Jews.

Hyun called Adlerstein, who immediately invited him to his home for Shabbat dinner. Even better, Hyun said, Adlerstein agreed to guide his research into Jewish education.

"He allowed me to attend his meals—the Passover Seder, Sukkot, Rosh Hashana. I asked so many questions and he answered them all."

The Shabbat meal, in particular, left a lasting impression, Hyun says. He was moved by the way the family sang a ritual song of praise to Adlerstein's wife—a contrast, he says, with an old Korean saying that the "three dumb things" a man must not do are praise his wife, his children or himself. He was touched by the way Adlerstein blessed each of his children.

And he was impressed at the way Adlerstein taught his children the Torah, quizzing them on passages, never spoon-feeding answers but asking more questions to stimulate their critical thinking skills and creative intellects.

For his part, Adlerstein said he initially thought the idea of a Korean Christian minister wanting to learn about Orthodox Judaism seemed "a little odd."

Although traditional Jews don't believe Judaism was meant for the world—they do not proselytize and often discourage would-be converts—Adlerstein was willing to guide Hyun.

"Our attitude generally as a community is that when you're enthusiastic about God and his teachings, you have a gift that you want to share with any well-intentioned person," he said.

Armed with his experiences, Hyun was ready to try the techniques on his four sons at home. He announced that, like Adlerstein, he would no longer allow them to watch TV. Instead, three evenings a week he would teach them the Bible.

The reaction? "They rejected it all," Hyun said, laughing.

After too many nights of arguments, Hyun got them interested in Bible studies by asking them to take turns preaching. But more than the intellectual training, Hyun said, it was his ministry of Jewish expressions of family love that seemed to bring the most dramatic results.

Praise for His Wife

For the first time, Hyun says, he began praising his wife as he had seen his Jewish mentor do. He took her to Malibu at night, and strolled around the waterfront. He began washing the dishes and taking his wife on his travels. Before, he said, their marriage was characterized by "no romance—just orders" to her from him.

For the first time, he gathered his sons around to bless them. He asked God to bless them with wisdom, prosperity, leadership and the light of the gospel. "I cried, and they cried," he said.

From then on, he says, his family life dramatically improved. "Judaism showed me patience and how to lead children by wisdom and not authoritarianism. Now our family friendship has recovered."

Eager to share his experiences with other Koreans, Hyun has written a book on Jewish religious education that has sold more than 120,000 copies.

Hyun writes that Jewish fathers develop a child's IQ through Talmudic teachings, while mothers nurture their "EQ," or emotional quotient, with their maternal love—a thesis Adlerstein himself rejects in favor of viewing both parents as responsible for nurturing both aspects.

Experiencing Judaism

Hyun also figures he's reached 300,000 other Koreans in lectures on Jewish education at various seminars and conferences around the world.

And he says he has brought at least 150 people to Los Angeles to experience traditional Judaism firsthand in visits to synagogues and Friday night Shabbat dinners.

During one recent tour, Hyun led a group into the Beth Jacob congregation on Olympic Boulevard, wearing a traditional Korean jacket and a Jewish yarmulke.

After Sabbath prayers, Rabbi Shimon Kraft fielded a stream of lively questions: Why do you wear a beard? Why kiss the door? Why do men shake when they pray? Why do you have two pulpits? Do you evangelize?

Finally, someone asked: "We've learned about Jews, but what do you think about Koreans?"

Kraft gave the crowd a broad smile.

"They are bright, hard-working, studious—just like Jewish people," he said. "We seem to share a lot of the same values."

차례

- 한국 독자들에게 드리는 말씀 · 4
- 〈LA타임스〉 현용수 교수 특집 보도 원문 · 6
- 편역자의 글 · 철학적 웃음이란 · 14
- 저자의 말 · 웃음의 힘 · 20

제1장

Talmud 지혜와 유머

유대인에 얽힌 신화 · 30 _ 권총 강도를 피하는 법 · 33 _
하나님을 시험해본 결과 · 37 _ 파이 자르기 · 38 _ 이혼 · 39 _
안식일 · 40 _ 이름 · 42 _ 영웅 · 44 _ 사건 해결 · 45 _
불가능의 이유 · 47 _ 목동 다윗의 재판 · 48 _ 죽은 사람의 특징 · 52 _
삶은 달걀에서 나온 병아리 · 53 _ 탈무드와 담배 · 59 _
손님 셋 중 하나는 범인 · 61 _ 제1차 세계대전이 실패한 원인 · 63 _
야수의 눈 · 65 _ 유대인에게 욕하는 것을 막는 법 · 66 _
오리 한 마리 · 68 _ 읽는 태도가 문제 · 70 _ 사형 집행 · 72 _
유대인에게 좋은 일이냐 · 73 _ 제비뽑기 · 74 _ 다른 지구는 없나요 · 77 _
선동 덕분에 · 79 _ 아름다운 부자 · 80 _ 국고를 채우는 방법 · 81 _
상석 · 82 _ 개구리 청각 실험 · 83 _ 달아난 이유 · 84 _
질문이 많은 사람 · 86 _ 탐정 카스코디 · 88 _
아이를 낳게 하는 기도 · 90 _ 거짓말 · 92 _ 거지의 눈물 · 93 _
랍비의 기적 · 94

제2장 생활 속의 유머

Talmud

진실 · 98 _ 마누라 소원대로 · 99 _ 피장파장 · 101 _ 적반하장 · 102 _
긴 수염의 용도 · 103 _ 이동 · 104 _ 닭다리 · 105 _ 쓸데없는 걱정 · 107 _
다른 방향 · 108 _ 치과 의사와 이비인후과 이사 · 109 _
한 번만 속는다 · 110 _ 장사 잘되네 · 112 _ 달걀 값 · 114 _
수염이 없는 이유 · 115 _ 보고를 잘하는 하인 · 116 _ 이해도 · 117 _
음식 값 · 118 _ 증인이 있다 · 119 _ 옛날 사람 · 120 _ 무식한 죄 · 121 _
켜지지 않는 성냥 · 122 _ 어리석은 자 · 123 _ 예비행위 · 124 _
사망률 · 126 _ 변화1 · 127 _ 변화2 · 128 _ 헛고생 · 130 _
사위의 결점 · 131 _ 특효약 · 132 _ 엉뚱한 묘약 · 133 _ 정신병 치료 · 134 _
횟수 · 135 _ 바뀐 이름 · 136 _ 우편요금 · 137 _ 전보 · 138 _
가짜 캐비어 샌드위치 · 139 _ 이론보다는 증거 · 142 _ 지구의 반대쪽 · 143 _
다른 이야기 · 144 _ 믿을 수 없는 말 · 145 _ 분실물 · 146 _ 품삯 · 147 _
악담의 효과 · 148 _ 관광 · 149

제3장 신앙과 유머

신앙의 무게 · 152 _ 하나님이 기뻐하시는 것 · 153 _
모세의 인기가 하락한 이유 · 154 _ 하나님께 드리는 헌금 · 155 _
엉터리 계산 · 157 _ 태양이 움직이지 않는 이유 · 159 _
유대인 거지 · 161 _ 계산 · 162 _ 신과의 대화 · 163 _
명중시키는 법 · 164 _ 요셉 팔기 · 166 _ 문제 · 167 _ 구제 · 168 _
하나님의 보증 · 170 _ 건망증 · 171 _ 기도하면 안 되는 이유 · 172 _
가난한 이의 기도 · 174 _ 손님이 올지도 모르잖아 · 175 _
살아 있다는 증거 · 176 _ 금연 · 177 _ 우선권 · 178 _ 바보의 정의 · 179 _
안식일에 잊은 것 · 181 _ 정말 죽었구나 · 182 _ 죽음의 사자(使者) · 184 _
그래도 기도해야지요 · 185 _ 사후 세계 · 186 _ 가짜 설교의 책임 · 187 _
거짓말 · 189 _ 일방통행 · 191 _ 신을 독차지한 사람 · 192 _
구명보트와 거래 · 193 _ 임기응변 · 195 _
기부금 · 197 _ 신의 은총 · 198 _ 모자 · 200 _
성경과 탈무드 과외 · 201 _
신의 응징 · 203 _
아들의 재능을 알리는 법 · 206 _
기적 · 207 _ 장례식 · 208 _
복권 기도 · 209

제4장 다른 민족과 유머

천국1 · 212 _ 천국2 · 214 _ 진심 · 215 _ 편견 · 216 _ 명목 변경 · 218 _
역시 다윗의 자손 · 220 _ 두목 · 224 _ 숙명 · 225 _ 세례 · 226 _
개종(改宗) · 228 _ 착각 · 229 _ 원상복귀 · 231 _ 고해성사의 수확 · 232 _
눈물 흘리는 마돈나 상 · 234 _ 계율 때문에 · 235 _
예수님은 유대인의 친척 · 237 _ 신의 현명한 판단 · 239 _
교육의 위력 · 240 _ 적성검사 · 242

제5장 교육과 유머

걸어서 무덤까지 · 246 _ 중동 평화 · 249 _ 수평문화에 물든 젊은이 · 251 _
랍비의 선물 · 253 _ 기억하는 방법 · 254 _ 아들의 성적표 · 256 _
현실적인 계산 · 257 _ 부전자전 · 258 _ 도둑의 성향 · 259 _
담장을 넘어간 나뭇가지 · 260 _ 거울의 원리 · 262 _ 장래성 · 263 _
가장 좋은 것과 가장 나쁜 것 · 264 _ 젊은 아버지 · 267 _ 교사의 임기 · 268 _
지구의가 기운 이유 · 269 _ 어머니의 가출 · 270

제6장 고난의 역사와 유머

누가 더 위대한가 · 274 _ 축제일 · 275 _ 황제의 자격 · 276 _
유대인 신문 · 277 _ 스탈린의 부활을 겁내는 나라들 · 278 _
당의 요구 · 280 _ 자업자득 · 281 _ 성전 파괴 후 · 282 _

훌륭한 장군 · 284 _ 다시 유배 가는 이유 · 286 _ 너무 오래된 병 · 289 _
마흔 살과 쉰 살 · 291 _ 부고를 기다리는 마음 · 292 _ 희비극 · 293 _
똑똑한 신문 · 294 _ 나치 지도자의 소원 · 295 _ 낙서 · 296 _ 개새끼 · 297 _
역사의 진실 · 298 _ 불평 · 299 _ 상대성이론 · 300 _ 영토 · 302 _
만일의 경우 · 303 _ 가정(假定) · 305 _ 예의 · 306 _ 낙천가 · 307 _
상부상조 · 309 _ 도리(道理) · 310 _ 지속력 · 311 _ 일대일 · 312 _
무명용사 · 313 _ 가격 · 314 _ 상혼(商魂) · 316 _ 낙관 · 317

제7장 성과 유머

중노동 · 320 _ 계산 · 321 _ 아내의 전 남편 · 322 _ 하와 · 323 _
간통의 변명 · 324 _ 선물 · 326 _ 동시에 일어난 일 · 328 _
자연의 욕구 · 329 _ 신혼 남자와 병역 · 330 _ 진짜 죄 · 331 _
성욕과 식욕 · 333 _ 산적과 할머니 · 335 _ 어려운 선택 · 336 _
어머니의 수(數) · 337 _ 기술의 차이 · 339 _ 조수 · 340 _
왕복 여행 · 341 _ 진짜 아버지 · 343 _ 내 아들 · 344 _ 바람기 · 346 _
여행 비용 · 347 _ 자기 몫 · 348 _ 쇼크 · 349 _ 형광등 · 350 _ 마감 · 352 _
표적 · 353 _ 목적 · 354 _ 충고 · 355 _ 공중화장실 · 356 _ 면접시험 · 357 _
신학적 상대성이론 · 359 _ 진통제 · 360 _ 공짜 데이트 · 361 _ 선수 · 364 _
진짜 이유 · 365 _ 신혼 · 367 _ 황새의 선물 · 368

제8장 돈과 유머

특제 성냥 · 372 _ 치료비 · 374 _ 머리 좋아지는 생선 · 375 _
가난한 사람과 부자 · 377 _ 몰라서 덕 봤다 · 379 _ 경비병 · 381 _
정직한 장사 · 382 _ 승소하는 법 · 383 _ 왕진료를 깎는 묘수 · 385 _
운 없는 사람 · 387 _ 독점 사업 · 388 _ 두 개의 석판을 주신 이유 · 389 _
경쟁 상대 · 391 _ 채무와 거짓 증거 · 392 _ 도둑 피하는 노하우 · 395 _
맞지 않는 계산 · 397 _ 9와 6 · 398 _ 선물 · 399 _
어느 회사와 거래하는가? · 400 _ 손실 보충 · 402 _ 반값 약속 · 404 _
경제의 기적 · 406 _ 돈 빌리는 기술 · 408 _ 진짜 장사꾼 · 410 _
칼 사는 법 · 412 _ 경험 · 413 _ 수금사원 · 414 _ 동료 · 415 _
용도 변경 · 416 _ 장사의 셈법 · 417 _ 거스름돈 · 418 _ 날벼락 · 420 _
채권자의 등급 · 421 _ 삼단논법 · 422 _ 훈장의 가치 · 423 _
거지의 소망 · 425 _ 투기의 요령 · 426 _ 매상이 올랐을 때 · 427 _
임기응변 · 429 _ 정의 · 430 _ 에누리 철학 · 431 _ 대용품 · 432 _
첫째 골칫거리 · 434 _ 어쩔 수 없을 경우 · 435 _ 바닷물이 다 팔렸네 · 436 _
다급하면 찾아오지 · 437 _ 진의(眞意) · 438 _ 최신식 기계 · 439 _
정직의 가치 · 440 _ 뛰는 놈 위에 나는 놈 · 441 _
식당의 테이블보와 메뉴 · 443 _ 바보 웨이터 · 444 _ 마음 변한 소 주인 · 445 _
적십자 · 447 _ 계산 불균형 · 448 _ 유대식 윤리 · 449 _
전보 비용 아끼는 법 · 450 _ 에누리 · 452 _ 혼숫감 대신에 소송사건 · 453 _
중매쟁이 때문에 · 454

[편역자의 글
탈무드의 웃음(탈무드 제6권)을 펴내면서]

철학적 웃음이란

　　　　　　유대인은 삶의 균형을 강조한다. 심각할 때는 심각하지만 즐길 때는 마음껏 인생을 즐기는 민족이다. 그들은 어려운 환경이 닥친다 해도 하나님을 믿는 민족으로 낙천적인 삶의 자세를 가질 것을 강조한다. 그리고 그들은 세계에서 유머를 가장 많이 사용하는 민족이다. 그들의 대화를 듣다 보면 계속 웃기는 얘기들이 나온다. 랍비가 강의를 할 때도 먼저 깔깔거리고 웃게 하고 시작하는 경우가 많다. 미국의 대표적인 TV 코미디 프로그램들 중 하나인 CBS 코미디 프로그램 진행자 데이비드 레터맨(David Letterman)도 유대인이다.

독자들은 이 책에서 유대인의 번득이는 지혜와 날카로운

사고 구조를 발견할 수 있을 것이다. 유머에 그들의 지혜가 배어 있기 때문이다(자세한 유대인의 유머 철학은 이 책의 머리말 '웃음의 힘' 참조). 또, 그들의 기상천외한 발상은 폭소를 자아낸다. 예를 들어보자. 미국의 유대인촌에서 포토숍 겸 간단한 인쇄 출력소를 운영하는 한국인이 있었다. 그는 편지지 크기의 종이 한 장을 복사해 주는 데 3센트(1993년 당시 한화 약 30원)를 받았다. 어느 날 유대인 할머니가 편지지 크기의 종이 두 장을 내밀며 한 장 값인 3센트에 복사해 달라고 했다. 자세히 보니 할머니는 종이 두 장을 테이프로 붙여서 긴 한 장의 종이로 만들었던 것이다. 이것이 유대인다운 엉뚱한 발상이다.

약 35년 동안 미국에서 살다가 한국에 와 보니 편역자에게는 많은 것들이 변해 있었다. 긍정적인 것들도 많이 있지만 부정적인 것들도 있다. 부정적인 것들 중 하나가 한국의 개그 문화다. 한국의 개그가 인성교육적인 측면에서 왜 부정적인지 유대인의 유머와 비교하며 그 이유를 찾아보자.

편역자 주 여기에서 거론되는 한국인의 유머는 주요 TV에서 방영되는 내용들을 말한다. 물론 편역자가 모르는 다른 건전한 것들도 있다는 것을 전제로 한다.

먼저 유대인의 유머가 성경과 탈무드적 가치관에 근거한 선악을 분별하게 하는 것이라면, 한국의 유머는 선악의 분별없이 만들어지는 것들이 대부분이다[예: 자신의 성(gender) 정체성을 왜곡시키는 여장 남자들의 몸 개그]. 즉 한국 유머는 한국인의 전통적인 도덕과 윤리에 상관없이 수단과 방법을 가리지 않고 웃기는 것만을 목적으로 만든 것들이 많다. 또, 유대인의 유머에는 그들의 사고 자체가 분석적이어서 복잡한 것들이 많다. 그래서 한참 생각해야 이해가 가고 뒤늦게 웃음이 나오는 경우가 많다. 반면 한국 유머는 너무 쉽고 가볍다. 유대인의 유머가 촌철살인(寸鐵殺人)적인 내용이 중심이라면, 한국인의 개그는 우스꽝스러운 몸 개그가 주류를 이룬다.

유대인의 유머를 이해하려면 그들의 역사를 알아야 한다. 유대인은 이방 민족들에게 수많은 박해를 받으며 죽음에 직면한 경우가 많았다. 그때마다 웃지 않으면 미치거나 자살할 것 같기에 유머를 활용했다. 따라서 유대인의 유머는 생활의 일부이며 긍정적인 삶을 살게 해주는 활력소이며 양념이다. 때문에 유대인의 유머에는 고난의 눈물이 숨겨져 있는 철학적인 유머가 많다. 인생의 의미를 생각하게 하는 교훈적인 것들이 많다. 그래서 자녀들에게 웃고 나서도 다시 조상들의 고단한 삶을 곱씹어볼 수 있는 여운을 남긴다. 인성교육적으로 얼마나 좋은가! 그러나 한국의 유머는 우리를 바보스럽게 만든다. 우스꽝스러운 몸 개그를 흉내 내거나, 족보를 알 수 없는 괴상한 머리 모양이나 복장들을 따라 하거나, 육을 자극하는 비속어들을 반복적으로 모방하는 것은 자녀들의 인성교육에 해롭다. 편역자 주 자세한 내용은 편역자의 저서 유대인을 모델로 한 《현용수의 인성교육 노하우》(전4권, 동아일보, 2008) 제1권 제2부 참조. 그래서 이 책을 계기로 한국의 개그 문화가 바뀌기를 기대해본다.

그렇다면, 유대인은 모두 좋은 사람들인가? 편역자는 오랫동안 유대인을 연구하고 여러 책을 쓰다 보니 오해를 받기도 한다. 유대인을 너무 좋게만 평가해서 모든 유대인들이 다 정직하고 인정 많고 정의롭고 똑똑하며 부자인 줄 알게 만든다는 것이다. 그동안 저서를 통해 소개한 유대인들은 어디까지나 이상적인 성경적 가치관을 지니고 성경적 가치관대로 살아온 사람들의 예다. 그들이 상대적으로 다른 민족에 비해 더 성공적인 삶을 살고 지혜롭다는 것을 이야기하고자 했다. 물론 그 반대의 경우도 많다. 즉 성경대로 살지 않는 유대인도 적지 않다는 것이다. 유대인 중에는 무종교인들도 있고, 설사 종교인이라 하더라도 율법을 지키는 척만 하며 교묘하게 남을 해롭게 하여 이득을 챙기려는 사람들도 많다. 오죽하면 유대인 자신들이 편역자와 한참 재미있게 이야기를 하다가 자기들끼리 "저 사람 조심해, 유대인이야!"라고 조크를 하겠는가?

이 책에 담겨 있는 유대인의 유머는 이러한 그들의 장단점을 그대로 반영하고 있다. 하나님의 백성답게 거룩하게 살 것을 강조하는 그들의 삶 뒤에 숨겨진 연약하고 타락한 인간의 속성도 엿볼 수 있다. 그래서 웃음은 곱절이 된다. 한국인이라면 다른 민족에게 감추고 싶어할 만한 것까지 그대로 표현해놓았다. 이것도 유대인의 장점일 것이다. 성경 자체가 유대인의 장점과 타락을 그대로 반영하고 있는 것과 같다.

지피지기(知彼知己)면 백전백승(百戰百勝)이라고 했다. 상대방을 알아야 이길 수 있다. 한국인들이 이 책을 통해 웃음

속에 감추어진 유대인들의 지혜를 배워서 국제 사회에서 '슈르드(shrewd)' 해지기를 기대한다. '슈르드'란 상대에게 억울하게 당하지 않게 해주는 지혜를 가리킨다.

유대인에게는 한국인처럼 누구나 알고 있는 고전적인 유머들이 많다. 주로 유럽에서 오랫동안 박해를 받으며 살면서 지어낸 것들이다. 그래서 유대인 랍비들이 지은 유머집들을 보면 비슷한 내용들이 많이 섞여 있다. 이 책에 수록된 내용들은 랍비 토카이어(Marvin Tokayer)가 지은 《탈무드의 웃음》을 많이 참조했지만, 편역자와 가까이 지내는 랍비 솔로몬(Victor Solomon)과 랍비 랜드만(Salcia Landmann)의 저서들 그리고 편역자와 함께 쉐마지도자클리닉에서 강의하는 랍비 애들러스테인(Yichak Adlerstein)의 강의 내용도 참조했다. 또, 일부는 편역자가 미국 유대인들과 함께 지내며 수집한 내용들도 있다. 그분들 모두에게 감사를 드린다. 아울러 동아일보 출판팀에도 감사를 드린다.

편역자 현용수

[저자의 말
머리말을 대신하여]

웃음의 힘

고생 끝에 나온 유머

탈무드에 바탕을 둔 유대의 유머는 세계 어느 나라의 유머와 견주어도 손색이 없다. 풍자는 날카로우며, 의미심장하고, 기지가 넘치는데다가 그 종류도 헤아릴 수 없을 만큼 많다. 주지하는 바와 같이 유대인은 학문의 세계나 예술의 세계에서 걸출한 인물들을 많이 배출하는데 이들의 공통점은 성장 과정에서 유머를 몸에 익힌다는 것이다. 유머라고 하면 가볍게 표현하는 우스개라고 생각하기 쉽지만, 유대인은 유머를 지적인 양식의 하나로 생각한다. 그래서 유대인 아버지들은 가능한 한 많은 유머를 기억하고 아이들과의 대화에서 유머를 최대한 활용한다. 유대인 교육은 가정에서 이루어진다고 말하는데 그 가정교육에서 유머가 중요한 역할을 하는 것이다. 이렇듯 유대인에게 중요한 의미를 갖는 유머는 과연 어떻게 생겨난 것일까.

첫째, 유대인들은 오랫동안 그들에게 부과된 가혹한 고난을 극복하고 살아남아야 하는 혹독한 환경에 처해 있었다. 이처럼 막다른 고난에서 탈출하려면 일단 절망에 빠지지 않아야 한다. 그때 즉각적인 효과를 내는 것이 유머다. 1967년 아랍과 '6일 전쟁'이 일어나 공습을 받을 때도 방공호 속에서 유대인들은 농담을 주고받았다고 한다. 기분이 들떠서가 아니라 그것이야말로 자신들을 살리는 지혜임을 잘 알고 있었기 때문이다.

둘째, 중동지방에 거주하는 유대인 집단 촌락에는 으레 유머를 만들어내는 탤런트가 나타나게 마련이었다. 유대에서 전해지는 대부분의 유머는 이 그룹에 속하는 유대인이 만든 것이다.

셋째, 이것이 가장 중요하겠지만 19세기에 이르기까지 특히 동부 유럽에서 성행한 탈무드 교육의 힘이다. 유대인 남자라면 누구나 탈무드 교육을 받는다. 탈무드는 유대민족의 5천 년에 걸친 역사의 지혜를 전승하고 집대성한 총 20권, 1만 2천 페이지에 달하는 대 율법집이다. 탈무드 문장은 구두점도 없고 서술이 매우 난해해서 이 내용을 어떻게 해석하여 진리를 찾아내느냐가 탈무드를 공부하는 사람들의 가장 큰 과제였다. 따라서 유대인들은 어떤 작은 일이라도 이리저리 돌려보고 뒤집어보며 자랑스러운 얼굴로 진리를 발견하려 하는 버릇이 있다. 그러다 보면 가끔 초점을 잘못 맞춘 깨달음도 생기는데 이것이 유머의 씨앗이 된다. 유머에 자주 등장하는 랍비는 난해한 탈무드의 깊은 뜻을 연구하는 유대교의 종교 지도자이며 학자로 유대 사회의 핵심을 이룬다.

특히 동부 유럽의 랍비는 학식이 풍부하고 경험이 많은 사람으로서 매우 고상한 강의를 하는 것이 통례였다. 하지만 유대 사회에는 이들 외에도 대중이나 특히 부녀자들을 대상으로 그들에게 어울리는 교의를 들려주는 것을 생업으로 삼는, 그다지 교육의 정도가 높지 않은 순회 설교사도 있다. 이 순회 설교사들도 유대인의 유머에 자주 등장한다.

인간성에 뿌리박은 사상

유랑하는 민족인 유대인에게 1948년 이스라엘 건국 전까지는 군대란 극히 생소한 것이었다. 그 이유는 다음과 같다.

첫째, 유대인들이 흩어져 살았던 대부분의 나라들이 유대인들에게 완전한 시민권을 주려고 하지 않았을 뿐 아니라, 오히려 군대나 관청 같은 기구로부터 차별받는 것이 관례였다.

둘째, 탈무드의 가르침을 믿는 유대인들은 전쟁과 같은 히스테릭한 현상과는 인연이 멀다. 따라서 전통적으로 박해자 내지는 적 가운데에서도 인간성을 찾아보려 한 유대교적 사고방식이 철저해서 병사로서 가져야 하는 기본조건을 지니지 못했다고 할 수 있다. 이와 관련하여 한 가지 간단한 유머를 소개한다.

전쟁 중 러시아에 있는 한 유대인 신학교에서 랍비와 학생들이 러시아군에게 붙잡혔다. 러시아 병사들은 랍비와 학생들에게 군사훈련을 시켰고 그들이 종종 사격훈련에서 좋은 성적을 거두자 러시아인 장교들은 몹시 기뻐했다. 훈련이 끝나고 마침내 랍비와 학생들은 전선으로 보내졌다. 전선에 도착하자마자 러시아인 장교는 칼을 뽑아 들고 "사격 개시!" 하고 명령했다. 그러나 총성은 들리지 않고 조용하기만 했다. 아무리 "사격 개시!"라고 명령해도 여전히 총소리는 들리지 않았다. 러시아인 장교는 화가 머리끝까지 나서 소리쳤다.

"훈련 때에는 그렇게 사격을 잘하더니 어째서 지금은 총을 한 방도 쏘지 않는 것이냐?"

그러자 이등병 제복을 입은 랍비가 대답했다.

"왜냐고요? 앞에 사람이 보이지 않습니까."

이스라엘을 건국하고 아랍 국가들에게 둘러싸이게 되자 유대인들도 국토 방위의 필요성을 느끼고 군사력을 갖추어 나갔다. 그러나 본질적으로 전투정신이 부족한 유대인들을 훈련시켜 오늘날과 같이 강력한 이스라엘군으로 육성하기까지 무수한 에피소드가 있었을 것이다. 그래서인지 이스라엘 건국 후의 이스라엘군에 대한 유머가 유난히 많다.

유대인 자신이 웃음의 대상

또, 이스라엘은 세계 각지에 흩어져 살던 유대인들이 모여서 세운 나라이므로, 그들이 살던 나라나 다른 이민자들과의 사고방식의 차이로 생긴 난처함을 다룬 유머도 많다. 예를 들어, 러시아계 유대인들은 시오니즘 편역자주 유대인들이 약속의 땅 시온, 즉 팔레스타인에 유대 민족국가의 건설을 목표로 벌이는 민족주의 운동을 계승하고 있지만 장사에 관해서는 아무것도 모르는 이상주의자들로 다루어진다. 또, 폴란드, 리투아니아 출신 유대인은 교활한 사람으로, 루마니아계 유대인은 흔히 사기꾼이나 도둑으로 묘사된다.

그러나 유머의 대상으로 가장 자주 등장하는 사람들은 뭐니 뭐니 해도 독일계 유대인들이다. 이들은 독일적 사고방식을 갖고 있고, 성경에 대한 지식이 부족하며 히브리 어도 잘 모르는데다가 장사에 서툰 바보로 취급받았다. 그래서 이런 유머가 나왔다.

"독일계 유대인과 처녀의 차이는 무엇일까요?"

"독일계 유대인은 언제까지나 독일계 유대인이라는 점이 다르지."

유머는 유대인의 필수 영양소다. 만일 유대인에게 유머가 없었다면 민족 자체가 존재하지 않았을지도 모른다. 유대인에게 유머는 영원한 에너지의 원천인 것이다.

탈무드라는 책

"요이네 씨, 유대민족 5천 년의 지혜를 모았다는 탈무드에서는 무엇을 가르쳐주나요?"

"한 가지 예를 들어서 말해주지. 두 사나이가 굴뚝 속에 떨어졌다고 하자. 그런데 한 사람은 검댕투성이이고 다른 한 사람은 깨끗하다면 몸을 씻는 사람은 어느 쪽이라고 생각하지?"

"물론 더러운 사람이지요."

"그런데 그게 그렇지 않단 말이야. 더러운 친구는 깨끗한 사람을 보고 자신도 검댕이 묻지 않았을 거라 생각하지. 반대로 깨끗한 사람은 더러운 사람을 보며 자신도 검댕이 묻었으려니 생각할 거야. 그러니까 깨끗한 사람이 씻게 마련이지. 또 한 가지 묻겠는데, 두 사람이 다시 굴뚝 속에 떨어졌다면 이번에는 누가 씻을 거라고 생각하나?

"그건 이미 알고 있는 사실 아닌가요?"

"그렇게 생각하겠지만 아니야. 깨끗한 사람은 씻다 보니 자신이 별로 더러움을 타지 않았다는 사실을 알게 되지. 반면 더러운 사람은 깨끗한 사람이 왜 씻었는지를 알게 되지. 그래서 이번에는 더러운 사람이 씻었다가 정답일세. 자, 그렇다면 세 번째 질문인데 두 사람이 세 번째로 굴뚝 속에 떨어졌다면 이번에는 누가 씻을 거라고 생각하나?"

"그 다음부터는 언제나 더러운 사람이 씻게 되겠죠, 뭐."

"또 틀렸네. 이봐, 도대체 두 사람이 함께 굴뚝 속으로 떨어졌는데, 한 사람은 깨끗하고 한 사람에게만 검댕이 묻었다는 말을 들어본 적 있는가? 이것이 탈무드라고 하는 거야."

편역자 주 탈무드를 공부하면 한 가지 사물을 보고 다양한 견해를 낼 수 있게 된다는 것에 대한 유머다. 이것이 유대인의 영재교육의 비밀 중 하나다. 자세한 것은 편역자의 서서 《유대인 아버지의 4차원 영재교육》(동아일보, 2006), 제3부 제4장 '제2차원 영재교육: 질문식과 탈무드 논쟁식 IQ계발교육' 참조.

제1장
지혜와 유머
Talmud

유대인에 얽힌 신화

두 여인이 한 아기를 놓고 서로 자신의 아기라고 주장하자 솔로몬 왕이 지혜로써 친어머니를 가려낸 사실(史實)은 역사적으로 유명한 이야기다(왕상 3:16-28). 편역자 주 유대인은 지혜로운 민족으로 알려져 있다. 지혜란 세상을 살아 나가면서 어려운 문제가 생길 때마다 그 위기를 극복하는 머리를 말한다. 가장 잘 알려진 지혜로운 유대인은 솔로몬이다(왕상 4:29-30). 솔로몬의 해결책은 간단했다. "살아 있는 아기를 칼로 쪼개 반씩 나누어라."라는 것이었다. 그러자 한 여인은 그렇게 하라고 배짱을 부리지만, 다른 여인은 아기를 죽이지 말고 그냥 상대편 여자에게 주라고 사정한다. 솔로몬은 후자가 친어머니라고 판결하고 악한 여인을 사기죄로 엄벌한다.

모성애를 이용한 솔로몬의 지혜로운 재판의 예다. `편역자 주`
유대인의 지혜교육에 대해서는 편역자의 저서 《유대인 아버지의 4차원 영재교육》(동아일보, 2006), 제3부 제2장 '제4차원 영재교육: 지혜교육' 참조.

또 하나를 소개하면, 유대인인 스필버그 감독이 만든 영화 〈쉰들러 리스트〉에 나오는 이야기다. 아우슈비츠 수용소의 한 막사에서 키우던 닭 한 마리가 없어졌다. 이를 안 나치 군인들은 막사에 거주하는 모든 유대인들을 운동장으로 나오게 했다. 그리고 그들에게 경고했다.

"누가 닭을 훔쳤는가? 자수하라."

"……."

아무도 나오는 이가 없었다. 모두 벌벌 떨고 있을 뿐이다. 잠시 후 나치 군인이 다시 말했다.

"셋까지 셀 동안 나오라. 만약 나오지 않는다면 나올 때까지 한 사람씩 차례로 죽이겠다."

그는 수를 세기 시작했다.

"하나, 둘, 셋."

그래도 아무도 나오지 않자 나치는 앞에 선 노인의 머리를 권총으로 쏘았다.

"탕!"

노인은 머리에서 검붉은 피를 흘리며 쓰러졌다. 그리고 나치가 다른 노인을 향해 권총을 겨누자 열세 살쯤 된 소년이 겁에 질린 듯이 손을 번쩍 들었다.

"네가 훔쳤느냐?"

"아닙니다."

"그런데 왜 손을 들었느냐?"

"저는 누가 훔쳤는지 압니다."

"누구냐?"

소년은 죽은 노인을 손가락으로 가리키며 힘차게 외쳤다.

"저 사람입니다."

유대인은 이런 지혜로 위기를 모면하는 경우가 많다. 이 장에서는 유대인의 이런 지혜와 유머를 다룬다.

권총 강도를 피하는 법

한 유대인이 은행에서 직원들에게 줄 급여를 찾아 가방에 넣은 뒤 회사로 향하고 있었다. 그런데 으슥한 공터에 이르렀을 때 총을 든 강도가 나타나 유대인에게 총을 겨누며 돈 가방을 내놓으라고 했다. 유대인은 벌벌 떠는 척하면서 가방을 건네주고 최상의 존경어를 써가며 강도에게 사정했다.

"선생님, 제가 돈 가방을 드리는 것은 문제가 아닙니다만, 저는 회사에 가서 제가 돈을 어디에다 감춘 것이 아니라 선생님에게 털렸다고 보고해야 의심을 안 받습니다. 그러려면 증거가 필요합니다. 그러니 그 권총으로 제 옷에 구멍을 몇 개 내주시면 좋겠습니다."

그 유대인은 "오른쪽 겨드랑이에 한 방 쏴주실래요?"라고 말하며 양복 오른쪽을 들어 보였다.

강도는 인심이나 쓰듯이 "빵!" 하고 한 방을 쏘았다. 그러자 유대인은 상의를 벗어 들고는 계속 사정했다.

"왼쪽도요."

두 번째 "빵!"

"오른쪽 어깨도요."

세 번째 "빵!"

"왼쪽 어깨도요."

네 번째 "빵!"

"바짓가랑이도요."

다섯 번째 "빵!"

"이쪽 바짓가랑이도요."

여섯 번째 "빵!"

유대인은 마지막으로 중절모자를 벗어 손에 들고는 "이 모자에도 부탁합니다."라고 말했다.

일곱 번째 "빵!"

강도가 모두 일곱 발을 쏘고 방심한 틈을 타서 유대인은

갑자기 달려들어 주먹으로 있는 힘을 다해 강도의 얼굴을 때리고는 얼른 돈 가방을 다시 빼앗아 달아나버렸다. 강도는 도망가는 유대인에게 총을 쏘았으나 방아쇠 소리만 철거덕 날 뿐 더 이상 총알은 발사되지 않았다. 왜냐하면 강도가 갖고 있는 총은 일곱 발의 총알밖에 장전할 수 없었기 때문이었다. 유대인은 이것을 이미 알고 있었던지라 강도가 총알을 다 써버리도록 유인했던 것이다. 바로 지혜로써 위기를 넘긴 것이다.

　유대인의 이런 지혜는 학교교육을 통해서만 얻어지는 것이 아니다. 어려서부터 지혜교육의 이론을 배우고, 그 이론을 실제 삶에 항상 적용해 왔기 때문에 가능한 일이다.

하나님을 시험해본 결과

모세의 계율에서는 돼지고기를 금하고 있는데, 어떤 유대인이 푸줏간에 와서 주인에게 물었다.

"이 햄은 얼마인가요?" 편역자 주 햄은 돼지고기로 만든다.

그러자 하늘이 어두워지고 천둥소리가 들려왔다. 유대인은 원망스러운 듯이 하늘을 쳐다보며 말했다.

"값 정도만 물어봤는데 뭘 그러십니까?"

편역자 주 하나님은 유대인이 만약 이 율법을 지키지 않을 때에는 저주와 심판을 내리겠다고 예고하셨다. 현재도 정통파 유대인은 이 율법을 지키기 위해 최선을 다한다. 더 자세한 내용은 편역자의 저서 《잃어버린 지상명령 쉐마》(쉐마, 2006) 제3부 제1장 '유대인 쉐마의 성경적 배경' 과 《부모여 자녀를 제자 삼아라》(쉐마, 2005) 제3장 Ⅱ. '율법은 복과 저주를 선택하는 내용이다' 참조.

파이 자르기

　　　　　　두 형제가 더 큰 파이를 먹기 위해 칼을 들고 서로 먼저 자르겠다며 싸우고 있었다. 형이 칼로 자기 몫을 크게 자르려고 하는 순간 아버지가 그 모습을 보았다.

"잠깐! 아버지 말을 들어봐라. 누가 잘라도 괜찮지만 한 사람이 자르면 나머지 사람이 먼저 집는 것으로 하자."

이 말을 들은 형은 파이를 정확하게 반으로 잘랐다.

이혼

잦은 의견 충돌로 이혼하기로 합의한 부부가 있었다. 모든 것을 공평하게 나누기로 하고 은행에서 돈을 찾아 반씩 나누고, 땅도 집도 팔아서 반씩 나누었다. 문제는 자녀가 11명이라는 것이다. 서로 많은 자녀를 맡겠다고 주장하여 타협이 되지 않자 두 사람은 랍비를 찾아가 자녀를 나누어 달라고 요청했다.

"한 명 더 낳을 때까지 사시오."

부부는 랍비의 말을 듣고 '빨리 아이를 만들어서 이혼하자'라고 생각하며 집으로 달려가 곧장 침실로 갔다. 그리고 얼마 후 쌍둥이를 낳았다. 부부는 하나님의 뜻을 이해했다. '이혼하지 말라는 뜻이구나.' 그 후 이들은 행복하게 살았다.

안식일

유대인의 안식일은 금요일 저녁부터 토요일 저녁까지다. 안식일 동안 유대인은 절대로 불을 붙이거나 꺼서는 안 된다는 계율이 있다. 그래서 마을에 따라서는 불 끄는 비유대인을 따로 고용해서, 금요일 밤 늦게 유대인 가정을 돌아다니면서 불을 끄게 한다.

어느 날 밤, 한 유대인 일가가 불 끄는 사람이 나타나지 않아 촛불이 켜 있는 동안에는 잠을 잘 수 없다는 계율 때문에 곤란을 겪고 있었다. 그러다 주인이 한 가지 꾀를 내어 어린 딸을 촛불 가까이로 불렀다.

"레베카야, 너는 똑똑한 아이니까, 히브리 어로 유월절을 무엇이라고 하는지 알고 있겠지? 어디 큰 소리로 말해보렴."

"페에, 삿, 하!"

레베카는 자신 있게 큰 소리로 외쳤고, 더불어 촛불이 꺼져서 잠을 잘 수 있었다. 편역자 주 유월절을 히브리 어로 '페사하(Phesha)'라고 하는데 특별히 마지막 ha에 악센트가 주어져 있다. 유대인의 유월절에 관한 더 자세한 내용은 편역자의 저서 《잃어버린 지상명령 쉐마》(쉐마, 2006) 제3부 제3장 II. 1. '유월절' 참조.

이름

부부가 아이를 낳았다. 이름을 지어야 하는데 아내는 친정아버지 이름에서 따기를 원했고, 남편은 친할아버지의 이름을 따고 싶어했다. 그래서 랍비에게 해결책을 요청했다. 랍비가 알고 보니 둘 다 이름이 나훔이었다.

랍비가 물었다.

"그렇다면 문제가 될 것이 없지 않소?"

아내가 말했다.

"저희 아버지는 아시는 것처럼 유명한 학자입니다. 그런데 제 남편의 할아버지는 말 도둑입니다. 제가 어떻게 말 도둑 이름을 따서 아들 이름을 붙일 수가 있겠습니까? 남편 할아버지 이름을 딴 나훔은 안 됩니다. 우리 아버지 이름을 딴 나훔이어야 합니다."

가만히 생각하던 랍비가 해결책을 제시했다.

"그럼 이렇게 합시다. 일단 나훔이라고 이름을 짓는 것입니다. 그리고 나중에 아들이 학자가 되면 당신의 아버지 이름을 딴 것으로 하고, 아들이 말 도둑이 되면 할아버지 이름을 따서 지은 것으로 하면 됩니다."

영웅

제1차 세계대전 중 체코슬로바키아에 살고 있던 두 유대인이 전쟁 이야기를 하면서 정신없이 길을 걷다가 빨간불일 때 건널목을 건너게 되었다. 두 사람은 경찰에게 걸려 벌금을 내게 되었다. 그러자 한 유대인이 말했다.

"당신은 영웅도 잡습니까?"

경찰은 영웅이라는 말에 놀라 인사를 하며 말했다.

"죄송합니다. 가십시오."

길을 가면서 다른 유대인이 물었다.

"언제 영웅이 되었어?"

그 유대인이 말했다.

"급하면 다 영웅이 될 수 있어."

사건 해결

유대인 여자가 다른 여자 집에 갔다가 지갑을 놓고 왔는데 그 집주인은 그런 일이 없다고 말했다. 그래서 지갑을 잃어버린 여자는 랍비에게 해결을 의뢰했다.

"둘 다 증거가 없고 다 주장이 맞다고 하니 반씩 책임져야 합니다. 부인은 지갑을 잃어버린 부인에게 지갑에 있다는 돈의 반을 지불하시오."

망설이던 여자가 말했다.

"알겠습니다."

랍비는 조용히 그 여인의 귀에 대고 말했다.

"실수라도 저 부인의 지갑에서 돈을 꺼내지 마시오. 자기 돈을 알아볼 것입니다."

그러자 그 여자가 미소를 띠며 말했다.

"그 정도는 저도 알지요."

랍비가 큰 소리로 판결했다.

"이 사건을 종결합니다. 집주인은 어서 전액을 지불하시오."

불가능의 이유

미국에서는 군인이 포커 게임을 하는 것을 금하고 있는데, 가톨릭과 개신교를 믿는 병사와 유대교인 병사 세 사람이 이를 어겨 군법회의에 넘겨졌다. 법정에서 맨 먼저 가톨릭 병사가 증언했다.

"성모 마리아님께 맹세컨대 포커 같은 건 하지 않았습니다."

다음에는 개신교 병사가 증언했다.

"마르틴 루터님의 이름으로 맹세하겠습니다. 포커를 한 기억이 없습니다."

마지막으로 유대인 병사가 일어나서 말했다.

"재판관님, 혼자서 하는 포커 게임도 있습니까?"

목동 다윗의 재판

　　　　　　사울 왕 시대에 한 남자가 젊은 아내를 남겨 두고 세상을 떠났다. 그곳 영주는 전부터 이 젊은 여인을 사랑하고 있었다. 그래서 남편이 죽자 여인을 자기 집으로 불러들이려고 했다. 여인은 그런 눈치를 알아차리고 영주 몰래 여행을 떠나기로 했다. 그 여인은 자신이 갖고 있던 돈을 몇 개의 항아리에 나누어 담았다. 그리고 그 위에 꿀을 채운 뒤 증인이 보는 앞에서 죽은 남편과 가장 친했던 친구에게 항아리를 맡긴 뒤 다른 고장으로 떠났다.

　시간이 흘러 여인의 꿀 항아리를 맡은 사람의 아들이 결혼을 하게 되었다. 음식을 장만하느라고 갑자기 꿀이 필요하자 그는 그 꿀단지가 생각 나서 지하실에 있는 꿀단지를 열어 보았다. 그런데 꿀을 조금 떠내니 그 밑에서 금화가 가득 빛나고 있었다. 다른 항아리도 살펴보니 역시 금화가 들어 있었다. 그는 금화를 모두 꺼낸 뒤 새로 꿀을 사서 항아리마다 가득가득 채워 넣었다.

시간이 흘러 그 고장의 영주가 죽었다는 소식을 들은 여인은 고향으로 돌아와 맡겼던 항아리를 다시 찾으려고 했다. 그러자 항아리를 맡았던 사람이 말했다.

"꿀 항아리를 맡을 당시의 증인이 보는 앞에서 항아리를 받아 가는 것이 좋겠소."

여인이 곧 증인을 데려오자 죽은 남편의 친구는 그 증인 앞에서 항아리를 돌려주었다. 여인이 집에 도착하여 뚜껑을 열어 보고 금화가 없어진 것을 알게 되었다. 여인은 너무나 억울해서 재판관에게 울면서 하소연했다. 재판관은 여인에게 물었다.

"그 항아리에 돈이 있는 것을 본 증인이 있습니까?"

"모릅니다. 저만 아는 사실입니다."

"그렇다면 나로서는 어찌할 도리가 없군요. 시울 왕께 가보도록 하시오. 그분이라면 혹시 당신에게 힘이 되어주실지 모르겠군요."

여인은 사울 왕을 찾아갔지만 별다른 수가 없었다. 집으로 돌아가는 도중에 여인은 훗날 왕이 된 다윗을 만났다. 다윗은 그 무렵 양을 치는 목동이었으나 지혜롭다는 소문이 자자했다. 여인은 억울한 사연을 다윗에게 털어놓았다.

"증인이 없다고 법정에서 재판을 해주지 않습니다. 제 이야기를 듣고 어느 편이 옳은가를 말해주십시오."

"그렇다면 왕에게 가서 다윗이 재판을 해도 되겠느냐고 승낙을 받아 오십시오. 만일 왕께서 허락하시면 제가 최선을 다해 시비를 가려드리지요."

다윗의 말에 여인은 다시 사울 왕을 찾아갔다. 왕의 허락을 받고 여인은 다윗을 왕 앞으로 데리고 왔다.

"그대가 재판을 해보겠다고?"

"허락해주신다면 힘써 해보겠습니다."

"좋다. 해보도록 하라."

다윗은 고소당한 남자를 재판정으로 부르고, 억울함을 호소한 여인에게 문제의 항아리를 가져오게 했다. 다윗은 먼저 여인에게 질문했다.

"이 항아리가 틀림없습니까?"

"틀림없습니다."

다음엔 고소를 당한 남자를 향해 똑같은 질문을 했다.

"이것이 저 여인이 맡겨 두었던 항아리가 틀림없습니까?"

"틀림없습니다."

다윗은 그곳에 대기하고 있던 하인에게 빈 그릇을 가져오게 해서 꿀 항아리 속에 있는 꿀을 모두 그 그릇에 쏟아 부었다. 그리고 여러 사람이 보는 앞에서 빈 항아리를 하나씩 깨뜨린 뒤 깨진 조각들을 조심조심 살펴보았다. 그러자 항아리 파편들 속에서 금화 두 닢이 발견되었다. 꿀이 굳어 항아리 밑바닥에 붙어 있었던 모양이었다. 다윗은 즉시 거짓말을 한 남자를 향해 명령했다.

"당신이 맡았던 돈을 어서 이 여인에게 돌려주시오."

이스라엘 백성들은 이 재판 소식을 전해 듣고는 다윗의 지혜로움에 다시 한 번 탄복했다.

죽은 사람의 특징

어느 날 강가에서 시체 한 구가 떠올랐는데 부패가 심하여 누구인지 식별할 수 없었다. 그런데 먼 곳에 살고 있는 여인이 랍비에게 찾아와 말했다.

"분명히 제 남편이에요. 사망신고서에 사인해주세요. 그리고 제가 다른 남자와 결혼할 수 있도록 허락해주세요."

랍비가 망설이다가 부인에게 물었다.

"이 죽은 남자가 당신 남편이라는 것을 어떻게 증명할지 특징을 말해주세요."

여자가 말했다.

"제 남편은 두 가지 특징이 있는데, 하나는 벙어리이고 다른 하나는 귀머거리예요."

삶은 달걀에서 나온 병아리

하루는 다섯 집안의 자녀들이 모여서 식사를 하고 있는데 삶은 달걀이 나왔다. 그런데 한 아이가 배고픔을 참지 못하고 얼른 자기 몫으로 나온 달걀을 먹어 치웠다. 그래서 그 아이의 접시만 비어 있었다. 빈 접시를 앞에 놓고 있기가 쑥스러웠던 아이가 옆에 있는 아이에게 말했다.

"달걀 한 개만 빌려 줘."

"빌려 줄게. 그런데 한 가지 조건이 있어. 빌려 준 달걀을 돌려 달라고 할 때, 그 달걀뿐만 아니라 그동안 그 달걀이 내게 줄 이익까지 전부 계산해서 돌려준다고 약속한다면 내가 달걀을 빌려 주지. 이 자리에 있는 사람들을 증인으로 하고 내 요구를 따를 수 있겠니?"

"그렇게 할게."

순간을 모면하기 위해 그렇게 약속했지만 달걀을 빌린 아이는 그 사실을 까맣게 잊어버렸다. 그러던 어느 날 달걀을 빌려 준 아이가 달걀을 돌려 달라고 말했다.

"그때 빌린 달걀이 하나였지? 여기 있어."

그러나 달걀을 빌려 준 아이는 이맛살을 찌푸리면서 그것을 받으려 하지 않았다.

"왜 하나야? 그보다 훨씬 많잖아."

의견이 엇갈린 두 아이는 다윗 왕에게 시비를 가려달라고 하기로 합의를 보았다. 다윗 왕 앞에 나아간 두 아이 중 달걀을 빌려 준 아이가 그때의 상황을 설명하고 자신의 의

견까지 덧붙여 말했다.

"그러니까 저는 달걀 한 개가 아니라 그동안 그것이 만들어냈을 이익까지 전부 받아야겠습니다."

그 아이의 말을 듣고 다윗은 달걀을 빌린 아이에게 빌렸던 것을 전부 갚으라고 말했다.

"저는 얼마를 갚아야 할지 모르겠습니다. 얼마를 갚아야 할지 알려주십시오."

빌려 준 아이는 다음과 같이 계산한 결과를 말했다.

"첫해에는 달걀에서 병아리 한 마리가 부화되어 나옵니다. 그 병아리가 두 번째 해에는 열여덟 마리의 새끼를 치게 되죠. 세 번째 해에는 열여덟 마리의 병아리가 커서 각각 열여덟 마리의 새끼를 낳을 것 아닙니까. 이런 식으로 계산하다 보면……."

계산해 보니 실로 어마어마한 숫자였다. 달걀을 빌린 소년은 어떻게 해야 할지 몰라 난처해하며 법정을 나왔다. 마침 솔로몬이 법정 밖에 있는 것을 본 소년은 솔로몬에게 자신의 딱한 사정을 모두 이야기했다.

"그래. 왕께서는 어떻게 판결하셨느냐."

"저에게 달걀 한 개에서 생길 수 있는 이익을 전부 갚아야 한다고 하셨습니다. 그 엄청난 개수의 달걀을 제가 어떻게 감당해야 할지 모르겠습니다."

소년의 말을 들은 솔로몬은 잠시 생각에 잠겼다. 그러고는 그 소년에게 좋은 지혜를 일러주었다.

"내가 시키는 대로만 하렴. 밭에 가서 있다가 왕의 군대가 지나갈 때, 삶은 콩을 심고 있다고 말해야 해. 그 말을 들으면 병사들이 무슨 뚱딴지같은 소린가 의아하게 생각해 되물을 거야. 그러면 '삶은 달걀에서 병아리가 나온다는 얘기를 들어본 적이 있습니까?'라고 대답하란 말이야. 알겠지?"

소년은 즉시 밭에 나가 솔로몬이 일러준 대로 밭이랑에 삶은 콩을 심기 시작했다. 잠시 후 왕의 군대가 지나갔다. 지나가던 병사들이 궁금해서 물었다.

"밭에 뭘 심고 있는 거냐?"

"삶은 콩을 심고 있습니다."

"삶은 콩을? 삶은 콩을 밭에 심는다고 싹이 돋아 나온다더냐? 별소릴 다 듣겠네."

소년은 이 말이 떨어지자마자 대답했다.

　"그러면 삶은 달걀이 부화되어 병아리가 되었다는 말을 들은 적이 있습니까?"

　병사들이 지나칠 때마다 똑같은 내용의 질문과 대답이 오가는 사이에 이 이야기가 어느새 다윗 왕의 귀에까지 들어가게 되었다. 왕은 곧 소년을 불렀다.

　"그렇게 행동한 것은 네 생각이었느냐?"

　"네. 그렇습니다."

　소년은 그렇게 대답했으나 왕은 틀림없이 솔로몬이 지혜를 빌려주었을 것이라고 생각했다. 그래서 소년에게 재차 물었다. 소년은 솔로몬이 일러준 지혜였다고 사실대로 털어놓았다. 왕은 솔로몬을 불러 이 사건을 어떻게 해결하는 게 좋겠느냐고 물었다.

　"제 생각으로는 이 아이는 달걀 한 개만 되돌려 주면 될 것 같습니다. 삶은 달걀은 결코 병아리가 될 수 없는 법이니 말입니다."

　소년은 솔로몬 덕분에 달걀 한 개만 돌려주는 것으로 이 재판을 매듭짓게 되었다.

탈무드와 담배

유대인 학생들이 학교에서 탈무드를 공부하는 도중에 의문이 하나 생겼다. 탈무드를 공부하면서 담배를 피워도 되는지 안 되는지 궁금했던 것이다. 그러던 중 한 학생이 랍비에게 가서 물어보았다.

"선생님, 탈무드를 공부할 때 담배를 피워도 괜찮습니까?"

"안 돼!"

랍비는 딱 잘라 반대하며 이맛살을 찌푸렸다. 그 이야기를 들은 다른 학생이 말했다.

"너는 묻는 방법이 틀렸어. 이번에는 내가 가서 물어볼게."

그러고는 랍비에게 달려가서 물었다.

"선생님, 담배를 피우는 동안에도 탈무드는 읽어야겠지요?"

"그렇지, 읽어야 하고말고."

랍비는 주저 없이 대답하면서 흡족한 표정을 지었다.

손님 셋 중 하나는 범인

어떤 집에서 손님 세 명을 초대했는데 손님이 돌아간 뒤에 보니 값진 촛대가 없어졌다. 이튿날 주인은 전날 왔던 손님 셋을 데리고 랍비를 찾아가서 사정을 이야기했다. 랍비는 자초지종 이야기를 듣더니 긴 턱수염을 만지며 잠시 깊은 생각에 잠겼다가 이윽고 입을 열었다.

"잠시 후 옆방을 캄캄하게 해두겠소. 그리고 중앙 테이블 위에 촛대를 올려놓을 것이오. 당신들은 차례로 한 사람씩 들어가서 촛대를 만지고 나오도록 하시오."

네 사람은 무슨 뜻인지 몰라 의아한 얼굴로 쳐다보고 있었다.

"나는 하나님께 기도를 드려 그 촛대에 신비한 힘을 내려 달라고 할 겁니다. 만일 어젯밤에 촛대를 훔친 사람이 그 촛대를 만지면 번개 맞은 것처럼 온몸이 마비되어 비명을 지를 것입니다."

   랍비는 옆방에 촛대가 준비되어 있음을 알려주었다. 주인이 거짓말을 한 것일 수도 있기에 주인이 먼저 그 방에 들어갔고 나머지 셋도 뒤이어 들어갔다. 그러나 비명소리는 들리지 않았다. 랍비가 4명에게 손을 내밀도록 했더니 한 명만 깨끗했다. 그가 바로 범인이었다. 랍비는 범인을 찾기 위하여 촛대에 숯검댕을 묻혀 놓았던 것이다.

제1차 세계대전이 실패한 원인

제2차 세계대전이 시작되려고 할 무렵에 독일의 어떤 초등학교 역사 시간에 선생님이 학생들에게 질문했다.

"힌릭스, 지난번 제1차 세계대전에서 독일이 패한 원인이 무엇이라고 생각하지?"

"독일군에 유대인 병사가 있었기 때문입니다. 유대인은 겁쟁이인데다가 전선에서 도망치는 사람이 많아서 독일이 전쟁에 패한 것입니다."

"좋아. 그럼 할트비히에게 묻겠는데 다른 원인으론 무엇이 있을까?"

"병참부에도 유대인이 있었기 때문입니다. 그들이 식량

과 피복을 훔쳐서 독일이 패한 것입니다."

"맞았어, 그러면 로젠베르크, 너는 어떻게 생각하니?"

유대인이었던 로젠베르크는 머뭇머뭇 일어나 작은 소리로 대답했다.

"에, 참모본부에 유대인이 있었기 때문에……."

"이봐, 무슨 소릴 하는 거야! 독일 참모본부에는 유대인이 한 사람도 없었어!"

로젠베르크는 울상을 하며 계속 말했다.

"선생님, 독일 참모본부가 아닙니다. 사실은 프랑스 참모본부에 유대인이 있었습니다. 그래서 독일이 패한 것입니다."

편역자 주 제1차 세계대전(1914~1918)은 영국, 프랑스, 러시아, 미국 등의 주요 연합국과 독일, 오스트리아, 헝가리의 주요 동맹국이 양 진영으로 나뉘어 싸웠으며 약 900만 명이 전사했다.

야수의 눈

나치 친위대 대장이 유대인을 체포하고는 이렇게 말했다.

"나의 두 눈 중 어느 쪽이 의안인지 맞히면 오늘은 놓아주겠소."

"유대인은 장교의 얼굴을 자세히 쳐다보고 대답했다."

"왼쪽 눈일 겁니다."

"흠, 용케도 알아맞혔군. 그런데 어떻게 그걸 알았소?"

"네, 실은 왼쪽 눈이 더 인간답게 보이니까요."

유대인에게
욕하는 것을 막는 법

어느 마을에 유대인 한 명이 이주했다. 그런데 마을 사람 중 유독 한 사람만 계속 유대인은 수전노라는 둥 독선적이라는 둥 욕을 그치지 않았다. 유대인은 조용히 그를 불러 이렇게 말했다.

"내가 100달러(한화 10만 원)를 줄 테니 나를 욕하시오."

그는 신이 나서 돈을 받고 그 유대인을 욕했다. 다음 날 유대인은 그를 불러 또 말했다.

"내가 50달러를 줄 테니 나를 욕하시오."

그 다음 날은 30달러를 주었다. 유대인이 주는 돈은 점점 줄어 이제 1달러까지 내려왔다. 어느 날 그 유대인은 자신을 욕하며 다니는 사람에게 1달러를 주면서 자신을 욕하라고 말했다. 그러자 그는 화를 내며 말했다.

"이까짓 1달러를 받고 욕해요? 나 안 해요."

그 후 그는 유대인을 욕하는 짓을 그만두었다.

오리 한 마리

전쟁으로 식량 사정이 몹시 좋지 않아서 돈이 있어도 물건을 살 수 없었다. 정부가 물가를 통제했지만 유대인 멘델은 오리 한 마리에 200크로네(덴마크, 노르웨이 등에서 사용한 화폐단위)라는 비싼 값을 받아 크게 돈벌이를 하고 있었다. 이웃집 사나이가 그 흉내를 내어 신문에 광고를 냈더니 손님이 오기도 전에 경찰관이 먼저 찾아와 오리를 전부 압수해 가고 말았다.

이웃집 사나이는 탄식하며 멘델을 찾아가 물었다.

"멘델 씨, 당신은 어떻게 오리를 압수당하지 않았나요?"

"광고를 어떻게 냈습니까?"

"그냥 '오리 한 마리에 200크로네씩에 팔겠습니다' 하고 냈을 뿐인데······."

"그런 바보 같은 짓을 왜 합니까? 저처럼 이렇게 광고를 내야 한다니까요."

'일요일 아침, 교회 광장에서 200크로네 분실. 그것을 찾아 주시는 분에게는 약소하나마 사례로 오리 한 마리를 드리겠습니다.'

"이렇게 냈더니 다음 날 많은 사람들이 200크로네를 가지고 오더군요."

읽는 태도가 문제

어떤 부자가 다른 도시에서 공부하고 있던 아들로부터 편지를 받았다. 그는 비서에게 편지를 읽혔는데 기분이 내키지 않았던 비서는 불쾌하고 성마른 목소리로 읽기 시작했다.

"아버지! 저에게 빨리 돈을 보내 주세요. 저는 새 신발과 옷이 필요합니다."

아들의 편지 내용을 들은 아버지는 소리쳤다.

"무례한 녀석 같으니라고! 이렇게 감히 그런 불손한 태도를 갖고 아비에게 편지를 쓸 수 있단 말인가? 한 푼도 보내 주지 말아야지."

얼마 뒤 비서가 나가고 아내가 들어왔다. 속이 상한 아버지는 아내에게 편지를 건네주며 말했다.

"우리가 곱게 키운 자식이 편지를 어떻게 썼는지 보구려!"

그녀는 아들의 필체를 보자 모성애가 일었다. 그래서 아주 부드럽고 애절하게 마치 기도하듯 탄원하는 목소리로 낭송하기 시작했다.

"아버지! 저에게 빨리 돈을 보내 주세요. 저는 새 신발과 옷이 필요합니다."

아버지가 가만히 듣더니 소리쳤다.

"그래, 아주 다른걸! 이제 그 녀석이 신사처럼 요청하고 있군! 어서 돈을 부쳐 줘야겠어. 진작 그렇게 나올 것이지."

사형 집행

겨울에 프랑스인, 이탈리아인, 유대인 3명이 사형을 당하게 되었다. 사형집행관이 말했다.

"너희들은 이제 마지막이다. 먹고 싶은 것을 먹게 해주고 총살하겠다. 먹고 싶은 것을 말해라."

프랑스인은 맛있는 프랑스 와인과 프랑스빵을 먹고 싶다고 해서 그것을 먹은 뒤 총살당했다. 이탈리아인은 스파게티를 먹은 뒤 총살당했다. 이제 유대인 차례였다.

"큰 접시 위에 가득 놓인 딸기를 먹고 싶습니다."

"지금은 겨울인데 딸기가 어디 있나?"

"딸기가 나올 때까지 기다려주십시오."

딸기가 나오는 철까지 유대인의 사형 집행은 연기되었다.

유대인에게 좋은 일이냐

여러 나라와 여러 땅을 이리저리 굴러 다니고 쫓겨 다니며 살아온 유대인들은 무슨 일이 생기면 "그것이 유대인에게 좋은 일이냐?"라고 맨 먼저 묻는 습관이 있다.

유대인이 미국에 이민 왔을 무렵 야구는 아주 새롭고 진기한 경기였다. 하루는 어떤 유대인 이민 가족이 이런 이야기를 주고받았다. 아들이 집에 돌아와서 아버지에게 말했다.

"아버지, 오늘은 다저스가 양키즈에게 이겼어요."

편역자 주 다저스는 로스앤젤레스, 양키즈는 뉴욕의 프로야구 팀이다.

그러자 아버지는 이렇게 반문했다.

"그래서 그것이 유대인에게 좋은 일이냐?"

제비뽑기

　　　　　　　　로마가 이스라엘을 지배할 때의 일이다. 로마인 한 명이 살해되었는데 로마 관헌은 범인을 잡을 수가 없자 유대인 중 아무 남자나 한 명 잡아 사형시켜야 질서가 잡히겠다고 생각했다. 그래서 한 남자를 잡아 사형시키려고 하면서 이렇게 말했다.

"너는 하나님을 믿는다. 네가 믿는 하나님이 너를 살려주시는지 시험해보고 싶군. 이 항아리 안에는 하나는 '사형' 다른 하나는 '사형 면제'라고 적혀 있는 제비 두 개가 있다. 제비가 뽑히는 대로 바로 실시하겠다."

그런데 사실은 두 제비 모두 '사형'이라고 적혀 있었다. 로마 관헌이 그 남자를 죽이려는 속셈이었다. 이런 사실을

뻔히 알고 있던 유대인은 하나님께 살 수 있는 지혜를 달라고 기도했다. 잠시 후 그는 빨리 제비 한 장을 집어 입에 넣고 씹어 먹어버렸다. 로마 관헌이 놀라서 물었다.

"그것을 먹어버리면 어떻게 알겠느냐?"

"간단합니다. 저 항아리 속에 무엇이 들어 있는지 보면 제가 집은 것이 무엇인지를 알 수 있습니다."

항아리 속에는 역시 '사형'이라고 적힌 제비가 있었다.

다른 지구는 없나요

히틀러가 유대인 대량학살을 시작하기 전에 먼저 유대인의 재산을 몰수한 뒤 그들을 독일과 오스트리아에서 추방했다. 그때 유대인들은 추방의 고통뿐만 아니라 그들을 받아줄 나라가 많지 않다는 사실과 맞닥뜨렸다. 미국도 유대인 이민자의 수를 엄격히 제한했으므로 유대인이 발을 들여놓기가 어려웠다. 팔레스타인은 영국의 위임 통치령이었음에도 불구하고 유대인 이민자에게 굳게 문을 걸어 잠갔다.

다음은 그 무렵 한 유대인 가족이 독일의 국경에서 독일 출입국 관리와 나눈 대화다. 독일인 출입국 관리는 추방당한 유대인에게 동정이 가긴 했지만 그는 공무 집행 중이었다.

유대인 가족의 가장인 아버지가 독일 관리에게 물었다.

"우리는 어디로 가면 됩니까?"

그 관리는 자기 옆에 있는 모형 지구를 빙글 돌리더니,

"이 나라는 이민을 제한하므로 안 되고, 여기는 지금 불경기라서 외국인 노동자들의 입국을 금지하고 있으니 안 되고, 여기는 사막이라서……."라고 하면서 모형 지구를 한 바퀴 뻥 돌렸다. 그때 유대인 가족의 아이가 그에게 물었다.

"아저씨, 이 세상에 또 다른 지구는 없나요?"

이 조크에는 애수(哀愁)가 스며들어 있다. 이와 같이 유대인들은 세계를 이리저리 떠돌아다니지 않으면 안 되었다. 따라서 유대인에게는 국경이 없다. 유대인에게 주어졌던 괴로움을 다른 각도에서 관찰해보면 그것은 내일에 대한 투자라고 생각할 수도 있다. 국경이 없는 유대인은 오늘날 말하는 '하나의 세계'에서 누구보다도 시민 자격을 충분히 갖추었다고 할 수 있기 때문이다.

선동 덕분에

유대인이 러시아 드네프르 강에서 허우적거리며 살려달라고 외치고 있었다. 두 경찰이 달려가 보니 경찰은 그가 유대인인 것을 알고는 빠져 죽게 내버려 두고 있었다. 유대인은 힘이 빠져나가는 것을 느끼자 온 힘을 다해 외쳤다.

"황제 타도! 황제 타도!"

경찰관은 선동 구호를 듣자마자 곧바로 강으로 들어가서 그를 꺼내 체포했다.

아름다운 부자

늘 남을 아끼고 사랑하는 부자가 아들을 낳아 잔치를 벌이기로 했다. 사실은 아들을 위해서가 아니라 동네 사람들을 초청해서 대접하고 싶었기에 일부러 벌이는 잔치였다. 식구들 중 한 명이 말했다.

"이번 잔치에는 가난한 사람을 상석에 앉히시지요."

아버지가 말했다.

"가난한 사람은 잘 먹기 위해 온다. 그들에게는 골방에 자리를 마련해 주어 눈치 보지 말고 마음껏 먹게 하여라. 부자는 먹으러 오는 것이 아니라 대접받고 싶어 오는 것이다. 그러니 보이는 자리에 상석을 마련하여라. 그래서 둘 다 만족해서 돌아가게 하여라."

국고를 채우는 방법

로마 황제 안토니우스는 국고가 바닥나자 랍비 예후다 하나시에게 어떻게 하면 나라에 돈이 많이 모이게 될지 방법을 가르쳐달라고 요청했다. 랍비는 아무 말도 하지 않고 묵묵히 황제가 보낸 사신을 정원으로 데려갔다. 그리고 잘 서 있던 큰 나무들을 뽑고 작은 순무를 심었다. 사신은 황제에게 돌아와서 있었던 일을 그대로 이야기했다. 이야기를 들은 황제는 랍비의 지혜에 탄복했다.

"무슨 말인지 알겠다."

황제는 곧 총리와 세리들을 모두 해직시켰다. 그리고 명성은 없지만 정직한 관리들을 임명했다. 얼마 후 국고는 충분해졌다.

상석

한 마을에 지체 높은 분이 살고 있었다. 그런데 그는 너무나 겸손해서 어떤 잔치나 어느 자리에 가더라도 항상 낮은 곳에 앉았고, 대접받는 것을 아주 싫어했다. 어느 날 그 마을의 부자가 온 동네 유지들을 초청했다. 그분은 역시 낮은 자리에 앉았다. 주인이 참석자들에게 말했다.

"저분이 앉는 자리가 어디든 그 자리가 상석입니다."

개구리 청각 실험

생물학 교수가 학생들 앞에서 실험을 했다.

"이 자리에서 개구리는 두 발을 자르면 귀가 들리지 않는다는 것을 여러분에게 증명해 보이겠소."

그 교수는 개구리를 상자에서 꺼낸 뒤 "뛰어라."라고 말했다. 그러자 개구리가 뛰었다. 그 다음에 교수는 개구리의 두 발을 자른 뒤에 "뛰어라."라고 말했다.

개구리는 꼼짝도 하지 않았다.

"여러분이 방금 본 대로 개구리는 발을 잘라내면 귀가 들리지 않습니다."

달아난 이유

히틀러가 수많은 유대인들을 학살할 때 많은 유대인들이 러시아로 도망쳤다. 그러자 히틀러는 러시아 경찰에게 도망간 유대인을 잡아 넘길 때마다 많은 돈을 주었다. 당시 러시아에는 영주권을 가진 유대인이 많아서 러시아 경찰은 유대인들만 보면 영주권 조사를 했다.

마침 2명의 유대인이 지나가는 것을 본 경찰이 영주권 조사를 하려고 따라갔다. 그런데 둘 중 한 명은 영주권을 가지고 있었고, 나머지 한 명은 영주권이 없는 불법 체류자였다. 영주권이 없는 유대인이 하나님께 살 수 있는 지혜를 달라고 기도했다. 그때 영주권 있는 유대인이 그의 옆구리를 찌르며 말했다.

"경찰관이 오면 내가 뛸 테니 자네는 태연히 걸어가게!"

영주권을 가진 친구가 도망치기 시작했다. 경찰들은 '저 놈이 영주권이 없구나'라고 생각하고 쫓아갔다. 그 유대인은 한참을 뛰었다. 그러고는 이만하면 영주권이 없는 친구가 안전하다고 생각하는 곳까지 가서 멈추어 섰다.

"영주권 좀 봅시다."

경찰이 그에게 말했다.

"여기 있어요."

그는 영주권을 보여주었다. 경찰이 다시 물었다.

"그런데 왜 도망쳤지?"

"의사가 나에게 약 먹고 30분간 뛰라고 해서 뛰었어요."

"아무리 그래도 내가 따라가는 것을 봤으면 서야지."

유대인이 대답했다.

"당신도 나처럼 의사 선생님이 약 먹고 뛰라고 그런 줄 알았어요."

질문이 많은 사람

미국에 사는 한 유대인이 재판소에 불려 가서 검사의 심문을 받았다.

"자네 이름은?"

"어떤 이름이 좋을까요? 헨리 로젠탈입니다."

"주소는?"

"어디에 살았으면 좋다고 생각하시는지요?"

그렇게 반문한 뒤 자기 주소를 일러주었다. 이렇게 검사의 질문을 받을 때마다 그는 꼬박꼬박 질문을 했다. 마침내 심문하던 검사가 참다못해 화를 냈다.

"질문은 내가 하는 거야. 당신은 질문에 대해 분명하고 솔직하게 대답만 하면 돼. 그러지 않으면 자네를 법정모독

죄로 다스리겠어."

검사의 말을 들은 그 유대인은 "어째서요?"라고 되물었다. 그 검사는 다시 화를 냈다.

"내 질문에 질문을 하지 말란 말이야."

그러나 유대인은 이 말을 받아 또다시 질문을 던졌다.

"왜요?"

탐정 카스코디

이란의 수도 테헤란에 카스코디라는 도둑을 잘 잡기로 소문난 지혜로운 명탐정이 살고 있었다. 어느 날 페르시아 왕의 보물 창고에 도둑이 들어 귀중품을 도난당했다. 도둑을 잡기 위해 왕은 모든 경찰을 동원했지만 결국 잡지 못하자 마지막으로 카스코디를 불렀다. 카스코디는 궁에 들어서자마자 왕에게 말했다.

"왕이시여! 테헤란의 모든 도둑 전과자들을 불러들이면 범인을 잡을 수 있습니다."

왕의 명령으로 테헤란의 모든 전과자들이 모여 일렬로 섰다. 카스코디는 한 명 한 명 뚫어지게 쳐다보았다. 그리고 마지막 남자를 보자 말했다.

"누가 범인인지 알았다. 자! 이제 집으로 돌아가도 좋다."

도둑들이 모두 돌아서서 가려고 할 때에 카스코디가 소리를 질렀다.

"왕의 보물 창고에 침입한 거기 있는 너, 누가 너도 가도 좋다고 했느냐?"

그 말을 들은 진짜 도둑이 뒤를 돌아보았고 카스코디는 결국 도둑을 잡았다.

아이를 낳게 하는 기도

한 시골 사람이 아내를 데리고 코즈니츠의 랍비 차디크를 찾아와서 말했다.

"랍비님! 우리는 결혼을 했지만 아이를 갖지 못했습니다. 아이를 낳을 수 있도록 기도해주십시오."

"그러면 나에게 금화 50크라운(영국의 옛 화폐단위)을 주시오."

"차디크 님! 금화 10크라운이라면 해보겠지만 50크라운은 너무 많습니다. 도저히 구할 수 없습니다."

20크라운을 내라고 했는데도 그는 도저히 못 내겠다고 했다. 금전 문제로 타협을 보지 못한 시골 사람은 마침내 울화통을 터뜨리며 아내에게 말했다.

"여보! 그만 돌아갑시다. 하나님께서 랍비 없이도 아이를 낳을 수 있도록 우리를 도와주실 것이오."

이 말을 듣고 랍비 차디크가 말했다.

"그것이 바로 내가 듣고 싶었던 말이라네."

1년 후 시골 부부는 아들을 낳았다.

거짓말

4명의 유대인 대학생이 안식일에 놀러 갔다. 너무 재미있어 그 다음 날도 학교에 가지 않고 놀았다. 그리고 담당 교수에게는 깊은 산속에서 자동차가 고장이 나서 고칠 수 없었다고 거짓말하기로 입을 맞추었다. 학교에 갔더니 역시나 담당 교수가 물었다.

"너희들 어제 왜 결석했지?"

"산속에서 자동차가 펑크가 나 고칠 수가 없었습니다."

"그럴 수도 있지. 그런데 어제 시험을 치렀어. 너희도 시험을 치러야 한다."

교수는 4명을 따로따로 앉힌 뒤 백지를 나누어 주었다.

"시험 문제다. 어제 어느 바퀴에 펑크가 났었는지 써라."

거지의 눈물

부자인 로스차일드 가의 사람이 죽어 성대한 장례식이 거행되었다. 식이 진행되는 동안 분명히 슈메어(유대인 거지)로 보이는 한 사내가 훌쩍훌쩍 울고 있었다. 의아해진 미망인이 그 사내에게 물었다.

"별로 만난 기억은 없습니다만, 제 남편과 잘 아는 사이였는지요?"

그러자 그 슈메어는 머리를 번쩍 들더니 이렇게 대꾸했다.

"아닙니다. 한 번도 뵌 일이 없습니다. 저는 다만 이 장례식에 와서 이렇게 울 수 있을 만큼 살아 계실 때에 가까이 알아두지 못한 것이 후회가 되어 눈물을 흘리고 있는 거랍니다."

랍비의 기적

3층에서 한 랍비가 성경을 연구하고 있는데 갑자기 미친 사람이 칼을 들고 방 안에 뛰어들었다.

"너는 하나님의 사람이다. 3층에서 뛰어내려서 하나님이 살아 계시고 너를 사랑하신다는 것을 보여라."

랍비는 순간적으로 하나님께 지혜를 달라고 기도를 했다. 그리고 랍비는 "잠깐!" 하고 소리를 질렀다.

"3층에서 1층으로 뛰어내리는 것이 무슨 기적이냐? 1층에서 3층으로 뛰어올라야 기적이지. 여기서 기다리고 있어 봐. 내가 1층으로 내려가 3층으로 뛰어오를 테니."

"빨리 와야 해."라며 그 미친 사람은 경찰이 올라오는 것도 모르고 칼을 든 채 창문을 바라보고 있었다.

제2장
생활 속의 유머
Talmud

진실

"랍비님 나는 멍청한 사내이지만, 어떻게 하면 영리해질 수 있을까요?"

"자기 자신을 바보라고 생각할 정도면 자네는 바보가 아닐세."

"하지만 모두들 왜 나를 바보라고 부를까요?"

"다른 사람들이 자네를 바보라고 한다고 해서 자신이 바보라고 생각하면 자네는 역시 바보야."

마누라 소원대로

노름꾼들이 모여서 도박을 하다가 한 사람이 심장마비로 죽었다.

친구 하나가 죽은 동료의 부인에게 그 사실을 알리러 가게 되었는데 어떻게 전해야 좋을지 난감했다. 하여간에 집을 찾아가 초인종을 누르자 부인이 나왔다.

"안녕하세요, 아주머니. 바깥어른께서 자주 가시던 카페에서 왔습니다만……."

"맙소사! 또 노름을 하고 있죠?"

"네에~. 사실은 그렇습니다."

"빈틸터리가 되있겠죠?"

"네에~. 많이 잃은 것 같습니다."

"기가 많이 죽었겠죠?"

"네에~. 그렇습죠."

"아이고 지긋지긋해라! 아주 죽어주었으면 시원하련만!"

"네에~. 하나님께서도 그 뜻을 살피시어 하늘나라로 데리고 가셨습니다."

피장파장

두 사나이가 대화를 나누고 있었다.
"넌 참 바보야."
"그래 내가 바보인지도 모르지. 그렇다면……내가 너의 친구니까 너도 바보란 말인가, 아니면 내가 바보니까 네 친구가 되었단 말인가."

적반하장

큰 나무가 넘어져 길을 막고 있었다. 마차에 타고 있던 손님들이 그 앞에서 어떻게 해야 할지 의논했지만 결말이 나지 않았다. 얼마 뒤 또 다른 마차가 오더니 울퉁불퉁 근육을 가진 사나이가 뛰어내렸다. 그는 눈 깜짝할 사이에 그 나무를 들어서 길가로 비켜 놓았다. 그러자 승객 중 한 사람이 내뱉듯이 말했다.

"참으로 장한 일이야. 하지만 완력에 호소하다니!"

긴 수염의 용도

유대인들은 보통 수염을 길게 기른다. 어느 날 버스를 탄 난쟁이가 손잡이가 높아서 잡을 수가 없자 옆에 있던 유대인의 수염을 잡았다. 그러자 유대인은 버스가 흔들릴 때마다 점점 고통스러웠다.

"수염 좀 놓으세요."

난쟁이가 유대인을 올려다보며 말했다.

"다음 정거장에서 내리나요?"

이동

"말이 소보다 수가 적다는 것은 납득이 가지 않아. 소는 도살당하지 않는가?"

"거기에는 다 까닭이 있어. 말은 자주 도둑맞기 때문이지."

"그렇다면 말을 훔쳐 간 곳에는 말의 수가 많아야 하지 않아?"

"말은 거기서도 또 도둑맞기 때문이지."

닭다리

저녁식사 준비를 위해 닭요리를 하다 보니 닭다리 하나가 없었다. 이상하게 여긴 아버지가 아들에게 물었다.

"왜 다리 하나가 없지?"

아들이 대답했다.

"다리가 하나뿐인 닭도 있어요."

"그런 닭이 어디 있니?"

그리고 다음 날 아침이 되었다. 아버지와 아들이 회당을 다녀오는데 한쪽 다리로 서 있는 닭을 보았다. 닭은 날씨가 추워 다리 하나를 가슴속에 품고 있었다. 아들이 닭을 가리키며 말했다.

"아버지, 저기 보세요. 다리가 하나인 닭이 있어요."
"자세히 보아라. 한 다리를 품속에 감추고 있는 거야."
"근데 왜 어제는 닭의 품속을 살피지 않으셨어요?"

쓸데없는 걱정

행상을 하는 할머니가 큰 짐을 진 채 거리를 걷고 있는 것을 보고 안쓰럽게 여긴 마부가 할머니에게 말했다.

"이봐요, 내 마차에 타시오."

고개를 숙여 감사를 표한 할머니는 마차에 타긴 탔는데 좀처럼 짊어진 짐을 내려놓으려고 하지 않았다.

"짐을 내려놓으면 더 편하지 않소?"

마부가 말하자 할머니가 말했다.

"나를 태운 것만으로도 말에게 부담이 될 텐데 이 짐까지 싣다니요! 짐만은 사양하겠습니다."

다른 방향

어떤 유대인이 거리를 걷고 있었다. 그러다 건너편에서 마차가 다가오자 물었다.

"샤티마지 마을까지는 여기서 얼마나 되나요?"

"한 반 시간쯤 가는 거리입니다."

"죄송합니다만, 좀 태워주실 수 없을까요?"

마차를 얻어타고 반 시간쯤 갔으나 마을이 나타나지 않자 유대인은 불안해졌다.

"샤티마지 마을까지는 아직도 멀었습니까?"

"약 한 시간쯤 걸리죠."

"뭐라고요? 조금 전에는 반 시간이라고 하지 않았습니까?"

"그랬지만 이 마차는 반대 방향으로 가고 있으니까요."

치과 의사와 이비인후과 의사

어떤 부모가 자녀를 의과대학에 보내서 이비인후과 의사를 만들고 싶어했다. 아들도 그렇게 생각하고 있었다. 그러나 막상 의대를 졸업하고 아들은 치과 의사가 되었다. 그래서 부모 친구들이 물었다.

"자네 아들 이비인후과 의사가 된다고 하더니 어떻게 치과 의사가 되었어?"

"내 아들은 무척 영리하지. 그는 사람의 귀는 두 개뿐이지만 이는 서른두 개인 것을 알고 있었거든."

한 번만 속는다

　　　　　　이스라엘 에론 에비학교 교장 조셉 에론은 국회의원에 출마할 준비를 하고 있었다. 그가 길을 걷고 있는데 거지가 구걸을 했다. 마침 점심을 먹으러 가던 중이라 그는 거지에게 같이 가서 먹자고 했다. 거지는 기쁘게 따라갔다. 거지는 배고픈 김에 비싼 것을 많이 주문해서 신나게 먹었다. 그러나 에론 교장은 체중 조절 중이라 간단한 음식을 먹었다. 다 먹고 음식 값을 지불하려고 보니 교장은 지갑을 두고 온 것을 알게 되었다. 깜짝 놀란 에론 교장은 음식점 주인에게 정중하게 말했다.

"나는 에비학교 교장인데 깜박 잊고 지갑을 놓고 왔습니다. 30분 내에 음식 값을 갖다 드릴 테니 저를 믿고 조금만 기다려주세요."

음식점 주인은 화를 내며 소리를 질렀다.

"당신 같은 사람에게 내가 얼마나 많이 속았는지 아십니까? 당장 음식 값을 지불하지 않으면 경찰에 신고하겠습니다."

에론 교장은 표를 잘 관리해야 하는 입장인지라 더욱 부끄러웠다. 이런 모습을 옆에서 보고 있던 거지가 돈을 대신 지불했다. 에론 교장이 미안해하며 거지에게 말했다.

"고마워요. 택시를 타고 내 사무실로 가십시다. 내가 돈을 드리겠습니다."

그랬더니 거지가 대답했다.

"내가 한 번 속지 두 번 속습니까? 택시비까지 사기 치려고 하다니."

장사 잘되네

폴란드 서쪽에 헤름이라는 도시가 있다. 이곳 유대인들은 어리석기로 유명하다. 헤름에 사는 베룰과 슈메룰이 공동으로 술 한 통을 사서 그것을 소매로 팔려고 메고 다녔다. 그 사이에 두 사람 모두 목이 컬컬했다.

슈메룰이 참지 못하고 말했다.

"이봐, 한 잔만 팔게. 돈은 여기 있으니까."

무척 더운 날이었으므로 목이 타서 견딜 수 없었다. 잠시 후에 베룰도 돈을 내고 한 잔을 사 마셨다. 이렇게 돈 한 푼이 두 사람 사이에 오가는 동안에 술통이 바닥나버렸다. 그때 마침 지나가던 사나이가 물었다.

"장사는 잘되시오?"

"아주 잘되지요. 낮 동안 다 팔린데다가 그것도 모두가 현찰이니 말이오."

달걀 값

시장에서 돌아온 헤름의 여자가 남자에게 투정을 했다.

"달걀 값이 올라서 야단났어요. 요즘 닭이 알을 낳지 않아 벌써 오래전에 달걀이 떨어졌는데, 시장에 나왔다고 해서 가보니 2코페이카(러시아 화폐단위) 하던 것이 4코페이카로 껑충 뛰어올랐지 뭐예요."

이 말을 들은 남자는 감탄해서 말했다.

"닭이란 놈은 참으로 영리한 놈이야. 2코페이카 할 때에는 사보타주(sabotage: 태업)를 하다가 4코페이카가 되니까 알을 낳는단 말이지."

수염이 없는 이유

어떤 남자가 수염이 나지 않아서 고민하다가 랍비를 찾아갔다. 랍비는 곰곰이 생각하다가 말했다.

"자네는 아버지를 닮은 것이 아니라 어머니를 닮아서 그래."

그 남자는 무릎을 치면서 말했다.

"맞아요! 우리 어머니는 수염이 없어요."

보고를 잘하는 하인

주인이 헤름 출신 하인에게 아침 5시에 깨우라고 일렀다. 그런데 새벽 3시에 곤하게 자고 있는데 하인이 주인을 깨웠다.

"주인님, 앞으로 두 시간밖에 남지 않았습니다."

다시 주인이 곤하게 자고 있는데 새벽 4시에 하인이 또 주인을 깨웠다.

"주인님, 앞으로 한 시간밖에 남지 않았습니다."

이해도

농부에게서 우스갯소리를 들으면 세 번 웃는다고 한다. 처음 들을 때와 설명을 들었을 때, 그리고 그 뜻을 알게 되었을 때다. 하지만 지주는 두 번밖에 웃지 않는다. 처음 들을 때와 설명을 들었을 때뿐이다. 어차피 뜻은 모르기 때문이다. 그런데 장교는 한 번밖에 웃지 않는다. 즉 처음 들을 때뿐이며, 설명 같은 건 상관하지 않는다. 그러니 뜻을 알 턱이 없다.

그런데 유대인에게 유머를 이야기하려 하면 "그 이야기는 이미 알고 있어요." 하면서 더 재미있는 이야기를 들려준다고 한다.

음식 값

어떤 유대인이 프랑스 식당에서 음식을 먹고 돈을 지불하려고 하는데 지갑이 없었다. 음식 값은 10달러였지만 아무리 찾아보아도 지갑이 없었다. 곰곰이 생각하던 그는 주인에게 물었다.
"손님 따귀를 한 대 때리면 경범죄인가요?"
"네."
"벌금은 얼마인가요?"
"50달러요."
"그러면 부탁이 있는데요. 내 따귀를 한 대 때리고 40달러를 거슬러 주세요."

증인이 있다

유대인 한 명이 베를린에서 시시한 훈장 하나를 받아 들고 동네로 돌아와서 많은 사람을 모아 놓고 자랑을 했다.

"내가 받은 훈장은 보통 훈장이 아니야. 내가 지나가니까 보초가 '받들어 총'을 하고 군인들이 모두 서서 경례를 하는 거야."

이 말에 모두 놀라는 표정을 짓자 그는 입에 거품을 물며 말했다.

"내 말을 증명할 증인도 있어. 우란겔 장군이 마침 내 옆에 있었거든. 처음부터 끝까지 그가 나 보았지."

옛날 사람

유대인 둘이 이런 대화를 나누었다.
"옛날 사람들은 전화도 없고 TV도 없고 냉장고도 없고 자동차도 없었는데 어떻게 살았지?"
다른 사람이 말했다.
"그래서 못 살고 다 죽었잖아."

무식한 죄

스르르케 힐시페르트는 가짜 포도주를 만든 죄로 법정에 섰다. 스르르케는 직접 자신을 변호하겠다고 고집하면서 재판관에게 질문했다.

"재판관님은 화학에 대해서 잘 아십니까?"

"나는 법률 전문가이므로 화학에 대해서는 잘 모르오."

"주조관리원님, 당신은 법률을 알고 있습니까?"

"아니요, 나는 화학기사일 뿐이오."

그러자 스르르케가 말했다.

"재판관님, 그런데도 이 무식한 유대인에게 법률과 화학 양쪽을 다 알아야 한다고 말씀하시는 깁니까?"

켜지지 않는 성냥

헤름에서 어머니가 아들에게 성냥을 사오라고 했다. 그런데 아들이 사 온 성냥은 한 개도 불이 켜지지 않았다. 그러자 밖에 있던 아들이 고개를 갸우뚱하며 말했다.
"그것 참 이상하네, 아까까지도 전부 불이 붙어 있었는데."

어리석은 자

하나님은 어리석은 자를 지켜주신다고 탈무드에 쓰여 있는 것을 보고 헤름의 사나이가 생각했다.

"잠깐, 나는 가끔 바보천치라는 소리를 듣고 있지, 그렇다면……."

그러고는 창문으로 뛰어내렸다. 결국 다리를 부러뜨리고 어이쿠 소리를 지르며 사나이는 깨달았다.

"역시 나는 바보였어. 하지만 이렇게 머리가 좋은 줄은 이제 처음 알았어."

예비행위

기차 안에서 장교와 유대인이 마주 앉아 있었다. 유대인이 주머니에서 시가 케이스를 꺼내 시가를 입에 물고는 불을 붙이려고 하자 장교가 재빨리 일어나 유대인이 물고 있는 시가를 빼앗아 창밖으로 버렸다. 유대인이 버럭 화를 내며 따지고 들었다.

"도대체 무슨 짓을 하는 거요?"
"이봐요, 여기서는 금연이라는 걸 모르시오?"
"하지만 아직 불을 붙이지 않았지 않소!"
"예비행위도 안 된단 말씀이오."

유대인은 대답할 말을 잃고 두 사람 모두 입을 다문 채 여행을 계속했다. 얼마 뒤 장교가 신문을 꺼내 펼치자 이번에는 유대인이 그것을 낚아채 창밖으로 던져버렸다. 장교는 크게 화를 냈다.

"이보시오. 이처럼 무례한 짓을 하다니, 용서하지 않겠소!"

그러자 유대인은 조금도 당황하는 기색 없이 대답해주었다.

"여기서 배설행위는 금지되어 있습니다."

"내가 언제 배설행위를 했단 말이오!"

"예비행위도 금지되어 있으니까요."

편역자 주 당시는 신문지가 화장실 휴지 대용으로 사용되었다.

사망률

"이봐, 백만장자가 되는 것과 장티푸스 환자가 되는 것 중 어느 쪽을 택하겠는가?"

"물론 백만장자지."

"하지만 잘 생각해보게. 백만장자는 100퍼센트 죽지만 장티푸스 환자의 사망률은 13퍼센트밖에 되지 않는단 말이야."

변화 1

어떤 레스토랑에서 식사하던 손님이 사장에게 물었다.

"전에 이 레스토랑에서 웨이트리스로 일하던 금발머리의 귀여운 아가씨가 그만둔 모양이군요."

"손님, 그녀를 잘 아시는군요."

"뭐, 별로. 오늘 수프에는 금발이 아니라 검은 머리카락이 들어 있어서 알 수 있었을 뿐이죠."

변화 2

병으로 산장에서 요양을 하고 있는 남자에게 고향 친구가 찾아왔다.

"집에 별일은 없었나?"

"별 뾰족한 일도 없고 변한 일도 없고 해서 지루할 뿐이야."

"하지만 그렇다고 아무 일도 일어나지 않는다고 할 수는 없지 않은가?"

"그렇다면 지난번에 개가 짖은 일이 있었어."

"왜 짖었지?"

"그건 뻔하지. 꼬리를 밟히면 어느 개나 짖게 마련이지."

"하지만 왜 꼬리를 밟혔을까?"

"사람이 많이 모이면 개 꼬리 따위에 신경을 쓰는 사람은 없지 않은가?"

"사람이 많이 모인 까닭이 있을 게 아닌가?"

"그건 그렇지. 자네 부인이 창문으로 뛰어내리거나 하면 모이게 마련이지."

"뭐라고? 내 아내가 창문으로 뛰어내렸다니, 그게 정말인가?"

"경찰관이 잡으러 왔으니 당연한 일이지."

"경찰관이 왜 우리 집에 왔단 말인가?"

"그야 경찰관이 오는 게 당연하지. 자네 부친이 수표를 부도냈으니까."

"그 영감, 또 부도를 냈군! 하도 자주 부도를 내니 별로 달라진 것도 아니지 않은가?"

"그러니까 아까부터 변한 게 없다고 하지 않았나?"

헛고생

유대인 살몬이 밀도살 편역자 주 돼지, 소 따위를 당국의 허가 없이 몰래 잡음 혐의로 기소되었다. 가족은 벌금형으로 끝나게 하려고 배심원인 유대인에게 3천 마르크(독일 화폐단위)의 뇌물을 주었다. 다행히 살몬의 죄는 벌금형으로 끝났다. 그날 유대인 배심원이 살몬의 집으로 찾아와서 말했다.

"자칫하다간 큰일 날 뻔했습니다. 벌금형으로 하느라고 얼마나 혼났는지 모릅니다."

"역시 그랬군요. 다른 배심원들은 모두 감옥에 보내라고 하던가요?"

"감옥이라고요? 천만의 말씀! 모두가 무죄라고 하면서 내 말을 들으려 하지 않더군요."

사위의 결점

"우리 집 사위는 나무랄 데가 없는 사람이지만, 카드놀이를 못 하는 것이 옥에 티야."
"그건 별로 결점이라고 할 수도 없는 것 아닙니까?"
"그게 그렇지 않습니다. 하지도 못하면서 하니까요."

특효약

 천식으로 기침을 하며 고생하던 남자가 유대인 의사로부터 처방전을 받았다. 그러나 처방전은 사실 강력한 설사약이었다. 며칠 동안 설사 때문에 고통을 겪은 뒤 의사를 찾아간 남자가 말했다.
 "대단히 감사합니다. 마음 놓고 기침도 할 수 없어서 어느 틈에 발작이 멎고 말았습니다."

엉뚱한 묘약

"선생님, 최근에 귀가 멀어져서 제 방귀소리조차 듣지 못한답니다."

"그렇다면 이 약을 하루에 세 번 복용하십시오."

"그러면 귀가 잘 들립니까?"

"아닙니다. 방귀소리가 크게 날 겁니다."

정신병 치료

자신이 생쥐라는 망상을 하던 사나이가 겨우 정신병원에서 퇴원하게 되었다. 그런데 병원 입구에 주저앉아 나오려고 하지 않기에 의사가 이상하게 생각하고 그 이유를 물었다.

"저기 고양이가 있어서 그런답니다."

"하지만 자네는 이제 생쥐가 아니라는 것을 알고 있지 않은가?"

"그렇긴 한데 고양이 쪽에선 아직 모르고 있을지도 모르죠."

횟수

어떤 마을에 콜레라가 만연했다. 봄베르크는 그 마을 호텔에 머물고 있었다. 한밤중에 누군가 그의 방문을 두드렸다. 문을 열었더니 두 사나이가 환자 운반용 들것을 들고 서 있었다.

"봄베르크 씨지요? 호텔 주인이 불러서 왔는데 아무래도 댁은 콜레라에 감염된 것 같습니다. 오늘 열두 번씩이나 화장실에 가셨다면서요."

"하지만 열한 번은 이미 다른 사람이 들어가 있더군요."

바뀐 이름

이스라엘로 이민 와서 이름을 바꾼 사람들이 많다. 모로코에서 온 한 유대인은 문맹이었다. 그래서 서명 대신 집게손가락으로 도장을 찍었다. 그런데 언젠가부터 가운뎃손가락으로 도장을 찍었다. 이를 본 친구가 이유를 물었더니 그가 대답했다.

"실은 나도 이름을 바꾸었어."

우편요금

양케르가 우체국에서 우표를 붙인 편지를 내밀자 우체국 직원이 말했다.
"여보세요. 이 편지는 너무 무거우니까 우표를 한 장 더 붙이세요."
"뭐라고요? 그러면 더 무거워지는데요."

전보

몹시 기분이 좋은 남편이 장인 장모에게 전보를 쳤다.

'레베카가 기쁘게도 사내아이를 분만했음.'

나중에 장인이 사위에게 물었다.

"무엇하러 돈을 써서 전보 같은 걸 친단 말인가? 자네는 레베카라고 했는데, 그 애가 아니고 누가 아이를 낳는단 말인가? 자신의 아내가 아이를 낳았다고 전보를 치다니 말도 안 되는 일이야. 게다가 기쁘게도라니, 기쁘지 않을 리 없지 않은가? 또, 분만했다니, 그게 뭔가? 아직도 황새가 아이를 물어다 주는 줄 알고 있었나? 또, 사내아이가 뭔가? 기쁘다는 걸 보면 사내아이라는 걸 모를 리 없지 않은가."

가짜 캐비어 샌드위치

뉴욕의 파인베르크 일가가 부자가 되어 최고급 주택지로 이사해 왔다. 파인베르크 부인은 대단한 사교가여서 그녀가 파티 때 내는 캐비어 샌드위치는 아주 소문난 요리였다.

어느 일요일 밤, 예나 다름없이 파인베르크 집안에서 파티가 열릴 예정이었는데 그날 아침 집사가 사둔 캐비어가 적어서 파티에 부족할지도 모르겠다고 부인에게 귀띔했다. 게다가 일요일에는 상점이 모두 문을 닫으므로 구할 방도가 없다는 것이다. 그 말을 듣자 부인은 잠깐 생각하고는 집사에게 말했다.

"주인의 사냥총 관리실에 가서 산탄 상자를 가지고 오세

요. 산탄을 뽑아 캐비어에 섞으면 손님들이 잘 모를 테니까요." 편역자 주 캐비어(caviar)는 연어, 철갑상어, 생선 등의 알을 소금에 절인 음식으로 주로 에피타이저로 이용한다. 그 알들이 산탄의 모양과 비슷하다.

부인의 명령대로 집사가 산탄을 섞어 캐비어 샌드위치를 만들었는데 진짜 캐비어 샌드위치와 똑같아서 손님들도 좋아했다.

이윽고 파티가 끝나서 손님들이 돌아갈 시간이 되자, 한 여성이 파인베르크 부인을 향해 조용히 속삭였다.

"저어, 정말 죄송합니다만, 조금 전 화장실에 갔다가 스타킹을 고쳐 신으려고 허리를 굽혔어요. 그랬더니 제가 한 일이 하도 부끄러운 일이지만, 저어 방귀를 뀌어서……."

"그런 일은 누구에게나 있는 일이니까 잊으시죠."

"그건 그렇지만 저, 그만 댁의 고양이를 쏘아 죽이고 말았습니다."

이론보다는 증거

어떤 사나이가 랍비에게 물었다.
"비는 어떻게 해서 오는 거죠?"
"구름은 말하자면 큰 해면입니다. 바람을 만나면 구름이 모여서 비가 생기는 것이지요."
"하지만 증거가 있습니까?"
"그 증거로 지금 비가 내리고 있지 않소?"

지구의 반대쪽

"내 사촌은 미국에서 바지걸이를 만들고 있는데, 이상하지 않습니까. 바지걸이는 바지가 떨어지지 않게 하는 것이겠죠? 그런데 지구 반대쪽인 미국에서는 머리가 아래를 향해 있으므로 바지가 떨어질 리가 없지 않습니까?"

"별로 이상한 일도 아니지 않습니까? 여기서는 바지가 떨어지겠지만, 미국에서는 바지에서 몸이 빠져나오는 것을 방지해야 하니까요."

다른 이야기

유대인들끼리 기차 안에서 쉴 새 없이 우스갯소리를 하고 있는데 어떤 유머이든 "코헨 씨가 말이죠."로 시작했다. 그러자 승객 한 사람이 못마땅하다는 듯이 말했다.

"여보세요, 코헨 씨에 관한 이야기 말고는 없습니까?"

그러자 유대인은 "코헨 씨의 부인이 아이를 낳았는데……" 하고 다시 이야기하기 시작했다.

"그것 역시 코헨 씨 이야기가 아닙니까?"

"아니, 코헨 씨의 이야기가 아니라는 이야기를 하고 있는 것입니다."

믿을 수 없는 말

항해 중인 여객선에서 승객 한 사람이 전염병으로 죽었다. 승객들이 소동을 피울까봐 겁이 난 선장이 힘센 선원 둘을 불러 320호실의 시체를 몰래 바다에 던져 넣으라고 명령했다. 이튿날 선장이 320호실을 들여다보았더니 아직도 시체가 그대로 있었다. 깜짝 놀란 선장이 선원을 불러 물어보니 230호실과 착각한 모양이었다. 선원들은 이렇게 설명했다.

"230호실에는 수염투성이의 늙은 유대인이 있더군요. 그 사람이 '나는 아직도 살아 있는 사람이라오' 하고 떠들어대기에 유대인 말을 믿어서는 안 되니 강제로 자루에 넣어 바다에 던졌습니다."

분실물

농부가 도시에 쇼핑을 하러 가 유대인들이 경영하는 상점 몇 집과 협동조합 매점을 돌면서 여러 가지 물건을 사 가지고 집으로 돌아왔다. 그는 집에 와서 가족들에게 거리의 모습을 들려주었다.

"유대인들은 역시 모두가 도둑놈들에 거짓말쟁이들뿐이야. 오늘 쇼핑을 끝내고 우산을 어디다 두었는지 생각이 안 나더군. 그래서 내가 들른 가게들을 차례로 돌아보았지만 어느 가게에서나 내 우산을 본 일이 없다고 하지 않겠어. 그래서 할 수 없이 마지막으로 협동조합에 가보았더니 발도 들여놓기 전에 '손님, 우산을 놓고 가셨죠?'라고 말하지 않겠어. 이런 친구들은 정말 정직한 사람이라 할 수 있지."

품삯

서커스 단원 알선소에서 유대인 동물 조련사가 연기를 선보이고 있었다. 개의 머리 위에 앵무새를 앉게 하자, 앵무새가 유명한 시의 한 구절을 낭송했다. 그것을 본 남자가 감탄해서 말했다.

"하룻밤에 100길더(네덜란드 화폐 단위)라도 좋으니 일자리를 주겠소."

"아닙니다. 하루에 50길더면 만족합니다."

"이렇게 훌륭한 재주를 가지고 반값만 받겠다니 당신은 너무 욕심이 없군요."

"아닙니다. 사실 앵무새가 말을 하는 것이 아니라, 개의 복화술이거든요."

악담의 효과

유대인 두 사람이 길 한가운데에서 말다툼을 하다가 급기야 상대방에게 악담을 퍼부었다.
"네 누이는 창녀야!"
상대방 남자는 입을 다문 채 대꾸도 안 했다. 보기에 딱했던지 옆에서 보고 있던 사람이 말했다.
"당신 누이의 악담을 하는데도 가만히 있을 겁니까?"
"천만의 말씀. 저는 누이가 없거든요."
그러자 지나가던 남자가 악담을 한 사람에게 말했다.
"여보시오. 이 사람에게 누이동생이 없다는데요?"
"상관없습니다. 그것은 저도 알아요."
"하지만 그 사실을 모르는 사람들이 듣고 있지 않습니까."

관광

어떤 유대인이 죽자 그는 천국과 지옥 중 어느 쪽이 좋은가 하고 잠깐 천국을 들여다보았다. 그런데 천국은 유대교 회당처럼 질서 정연하고 엄숙해서 재미가 없어 보였다. 반면 담장 사이로 엿본 지옥은 화려하고 훨씬 재미있을 것 같았다. 그래서 유대인은 지옥에서 살기로 결심하고 지옥에 들어가는 허가를 받았다. 그러자 이마에 뿔이 돋친 악마가 와서 그를 산적처럼 꼬챙이에 꿰려고 했다. 깜짝 놀란 사나이가 앞서 본 상황과 다르지 않느냐고 항의하자 악마가 말했다.

"지난번에는 관광비자로 왔던 세 아니오?"

제3장
신앙과 유머
Talmud

신앙의 무게

유대인 여자가 삐걱삐걱하는 다리를 건너면서 하나님께 기도했다.

"만일 무사히 건너가게 해주신다면 5길더(네덜란드 화폐 단위)를 자선상자에 넣겠습니다."

거의 다 건너가게 되자 그 여자는 생각이 달라졌다.

"5길더는 너무 많으니까 반 길더만, 아니 한 푼도 내지 않아도 되겠죠."

그러자 갑작스레 다리가 흔들리기 시작했다. 깜짝 놀란 여자는 큰 소리로 외쳤다.

"아이고 하나님, 농담 삼아 말했는데, 이건 너무하지 않습니까!"

하나님이 기뻐하시는 것

예배를 볼 때에 남달리 큰 소리로 기도를 드리는 유대인 빵 가게 주인에게 이웃집 유대인이 말했다.

"여보시오, 좀 더 목소리를 작게 하는 대신, 빵을 좀 더 크게 만들면 하나님께서는 더 기특하게 여기실 거요."

모세의 인기가 하락한 이유

예루살렘을 방문한 관광객이 유대교 회당의 예배의식을 구경한 뒤에 유대인에게 물었다.

"매우 엄숙해서 좋았지만, 기도 드릴 때 모세의 이름이 나올 때마다 신도들이 뭐라고 투덜대던데 무슨 이유입니까? 모세는 유대교의 선지자로 존경받는 분 아닌가요?"

그러자 유대인은 불만스런 얼굴로 대답했다.

"천만의 말씀. 최근 모세의 인기는 땅에 떨어졌어요. 그가 안내해준 덕분에 유대인들은 오렌지 값이 싼 땅에 도착하긴 했지만, 사실 석유가 나오는 땅이 더 좋았을 텐데 말입니다."

하나님께 드리는 헌금

얀케프가 말을 사서 몰고 집으로 돌아오다가 폭풍을 만났다. 겁먹은 말이 한 걸음도 움직이려고 하지 않자 난처해진 그는 하나님께 빌었다.

"오오, 하나님. 제발 폭풍을 멎게 해주십시오. 만약 제 소원을 들어주신다면 이 말을 팔아서 그 돈을 모두 하나님을 위해 쓰겠습니다."

이 말이 통했는지 폭풍이 씻은 듯이 지나가버렸다. 하나님과의 약속을 지켜야 했으므로 얀케프는 말을 몰고 다시 시장에 나타났다. 그런데 그의 왼손에 닭이 한 마리 있었다. 그것을 본 농부가 다가와서 물었다.

"여보시오, 그 말을 팔 건가요?"

"그렇소. 하지만 닭하고 함께 사는 사람한테만 팔겠소."
"그럼 합해서 얼마에 팔겠소?"
"닭이 50루블이고, 말이 1루블이오."

엉터리 계산

한 유대인 남자가 믿음이 깊고 엄격하게 율법을 지키는 여자와 결혼했다. 특히 부인은 유대 식사법을 철저히 따랐기에 고기와 우유는 여섯 시간 간격을 지켜 먹어야 했다. 하루는 남편이 부인에게 부탁했다.

"여보! 우유 한 잔 줘요."

"여보! 당신은 조금 전에 고기를 먹었잖아요."

남편이 몇 시에 고기를 먹었는지 묻자 아내는 12시에 먹었다고 답했다.

"그러면 고기를 먹고 우유를 먹으려면 얼마나 기다려야 하지?"

"여섯 시간요."

"지금 몇 시요?"

"3시예요."

남편이 말했다.

"그러면 우유 반 잔만 줘요."

편역자 주 유대인의 율법에서는 동물을 불쌍하게 여겨 (암소를 죽인) 소고기와 송아지가 먹는 젖을 함께 먹을 수 없도록 하고 있다. 그리고 우유로 만든 치즈도 소고기와 함께 먹을 수 없다. 그래서 소고기를 먹은 뒤 여섯 시간 후에 우유를 먹어야 한다.

태양이 움직이지 않는 이유

아이작이 물었다.

"책에는 지구가 태양의 둘레를 돌고 있다고 쓰여 있는데, 어차피 태양이 움직이지 않는다면 여호수아 님이 태양을 멈추게 했다는 것은 새빨간 거짓말이군요."

랍비가 대답했다.

"여호수아 님이 계실 무렵에는 태양이 움직이고 있었지. 그런데 여호수아 님께서 멈추게 하셨으니까 그때부터 움직이지 않는 거야."

편역자 주 구약 성경에 유대인과 이방인이 전쟁을 했는데, 이때 여호수아가 믿음으로 "태양아 멈추어라!"라고 명령하여 태양이 멈추었다는 이야기가 있다. 그 본문 말씀을 보자.

여호와께서 아모리군을 패하게 하시고 이스라엘군에게 승리를 주던 그날에 여호수아는 이스라엘 백성이 보는 데에서 여호와께 기도하고 이렇게 외쳤다. "태양아, 기브온 위에 머물러라! 달아, 너도 아얄론 골짜기에 머물러라!" 그러자 이스라엘군이 그들의 원수를 다 쳐부술 때까지 해와 달은 각자 자리에 머물러 있었다. 그래서 야살의 책에는 "태양이 중천에 머물러 거의 스물네 시간 동안 그대로 있었다."라고 기록되어 있다. 한 사람이 기도함으로써 여호와께서 해와 달을 멈추신 이와 같은 날은 전에도 없었고 그 후에도 없었는데 이것은 여호와께서 이스라엘을 위해 싸우셨기 때문이었다. (수 10:12-14)

유대인 거지

평일이면 회당 앞에서 구걸을 하고 유대교 예식을 따라 하는 유대인 거지가 있었다. 그런데 기독교인이 교회에 들어가려 하자 그 거지가 교회 앞에서 구걸하며 찬송가를 부르는 게 아닌가. 한 사람이 물었다.

"자네는 유대교인 아닌가?"

거지가 말했다.

"요즈음 같은 불황에 어떻게 한 신만 섬기겠습니까. 두 신을 섬겨야 불황을 극복하죠."

계산

학교에서 선생님이 물었다.
"아버지가 하루에 담배를 세 개비씩 피운다면 일주일에 몇 개비나 피우게 될까?"
"열여덟 개비요."
"틀렸다. 스물한 개비지."
"아니에요. 우리 아버지는 안식일에는 담배를 안 피우시거든요."

신과의 대화

"랍비님은 매일 저녁 하나님과 이야기를 나누는 훌륭한 분이야. 깔보다간 천벌받아."

"랍비님이 하나님과 대화를 나눈다는 걸 자네가 어떻게 안단 말인가?"

"랍비님 자신이 그렇게 말씀하시니까 알지."

"그렇다면 랍비가 거짓말을 하고 있는 거야."

"천벌받을 소리를 함부로 하는 게 아니야. 하나님이 거짓말하는 사람과 말씀을 나누실 리 없어."

명중시키는 법

랍비가 제자들을 데리고 길을 가는데 표적 중앙에 총알 자국이 있었다. 보통 솜씨가 아니라고 여겨 표적을 맞춘 사람을 찾았더니 누더기 옷을 입은 거지였다.

"당신은 어떻게 그렇게 총을 잘 쏘나요?"

"저는 사격 훈련을 받아본 적이 없어요. 단지 총을 쏘고 그 위에 표적을 그렸을 뿐이지요."

랍비는 무릎을 치며 말했다.

"성경에 맞는 예화를 찾을 때도 있지만, 이제부터 예화에 맞는 성경을 찾기도 해야 하는구나."

요셉 팔기

성경 공부 시간에 선생님이 아이들에게 물었다.

"요셉의 형제들이 요셉을 팔 때 가장 크게 잘못한 것은 무엇이었죠?"

한 학생이 큰 소리로 대답했다.

"너무 싸게 판 것이 잘못입니다. 요셉은 잘생긴 청년이었거든요."

문제

랍비가 말했다.

"당신이 세계에서 가장 옷을 잘 만든다는 양복장이군요. 양복 한 벌을 만드는 데 시간이 얼마나 걸립니까?"

양복장이가 대답했다.

"두 달이 걸립니다."

"허허, 양복 한 벌 짓는 데 두 달씩이나 걸리다니. 하나님은 세상을 창조하시는 데 불과 엿새밖에 걸리지 않았는데!"

"그러니 세상에 문제가 좀 많습니까?"

구제

모세가 구제에 대해 다음과 같이 강의했다.

"만일에 모든 이스라엘 백성들이 구제를 베푼다면 이스라엘에는 가난한 사람들이 없어질 것입니다. 돈을 빌려 주는 이도, 돈을 꾸는 이도 사라지게 될 것입니다."

강의를 마치고 다음과 같은 질문과 대답이 이어졌다.

질문 구제를 베풀어야 할 사람은 많고 돈은 한정되어 있다면 누구부터 구제해야 합니까?

대답 먼저 가족부터 구제해야 합니다. 그러고 나서 알지 못하는 이들을 구제해야 합니다. 이방인과 유대인이 같이 있으면 유대인부터 구제해야 합니다.

질문 가난한 이가 두 번 와도 구제해야 합니까?

대답 그렇습니다. 그가 자꾸만 와도 당신이 할 수 있는 한 구제해야 합니다. 그가 오기를 그치지 않으면 당신은 주기를 그치지 말아야 합니다.

질문 내 소득에서 얼마를 내놓아야 적당한가요?

대답 10분의 1이 가장 적당합니다. 만일 더 하고 싶으면 더 해도 됩니다. 그러나 당신이 가난하다면 그 정도에서 그치는 것이 좋습니다.

질문 만일 제가 구제할 비용을 다 썼는데 다른 사람이 오면 빈손으로 돌려보내도 됩니까?

대답 만일 그에게 줄 돈이 없다면 친절을 주십시오. 그리고 그에게 줄 수 없는 형편임을 잘 말하고 기쁜 마음으로 돌아가게 해야 합니다. 그에게 용기를 주었다면 돈을 준 것보다 더 많이 준 것입니다.

질문 만일 자존심 때문에 받지 않으려고 한다면 어떻게 해야 합니까?

대답 그가 낭황하지 않고 받을 수 있는 방법을 연구해야 합니다. 누가 주었는지 모르게 주는 것이 가장 좋은 자선입니다.

하나님의 보증

"요즘 돈이 달려 죽겠어."

"그렇게까지 걱정하지 않아도 돼. 하나님께서 도와주실 걸세."

"그런 건 나도 알고 있어. 그러니까 하나님을 보증인으로 세우고 지금 자네가 좀 융통해 줄 수는 없을까?"

건망증

안식일 아침, 랍비가 창문으로 들여다보고 있는 것도 모르고 세 명의 신학생이 담배를 피우다가 걸렸다. 그들은 즉각 랍비의 꾸중을 듣고 잘못을 빌었다.

"선생님, 면목이 없습니다. 오늘이 안식일이라는 것을 깜빡 잊고 있었습니다." (첫째 학생)

"잘못했습니다. 안식일에는 금연이라는 사실을 깜빡 잊고……." (둘째 학생)

"선생님, 죄송합니다. 커튼 내리는 것을 그만 깜빡 잊어서……." (셋째 학생)

편역자 주 유대인은 안식일에 불 사용을 금시하고 있어 담배를 피우면 규율을 어기는 것이다. 그러나 평일에는 담배를 피워도 된다.

기도하면 안 되는 이유

회당의 주 수입원은 거룩한 성일에 회당에 들어가는 입장권 수입이다. 그러나 성일에는 돈을 주고받는 것이 정통 유대인들에게는 금지되어 있어 예약제로 운영하고 있다. 혹시 그날 돈을 낼 사람이 있을지 모르기에 돈을 받는 사람은 유대인이 아닌 사람을 고용했다. 속죄일에 브루클린에 있는 어떤 회당에서 일어난 일이다.

한 사람이 잠깐 회당에 들어갔다 나오겠다고 허락을 구하자 비유대인 문지기가 말했다.

"입장권 없이는 들어갈 수 없습니다."

"일이 급합니다. 네 번째 줄에 앉아 있는 친구를 잠깐 면회하고 나오게 해주세요. 1분이면 됩니다. 정말 1분이면 됩니다."

"마지막으로 말합니다. 절대 안 됩니다."

"사업상 너무나 중대한 일입니다. 1분이면 됩니다. 맹세하겠습니다. 1분이면 됩니다."

문지기는 마음이 약해져서 결국 이렇게 말했다.

"좋아요. 사업상의 일이라면 내가 당신에게 1분간만 들어가도록 허락하겠소. 그러나 기도는 하면 안 된다는 것을 명심하시오!"

가난한 이의 기도

어느 마을에 가난하지만 하나님을 늘 사랑하는 유대인이 있었다. 그런데 그 마을에 사는 구두쇠 영감은 부자이지만 남을 도울 줄 몰랐다. 그런데 그가 복권에 1등으로 당첨되어 엄청난 액수의 돈을 받게 되자 경건한 유대인은 이렇게 기도했다.

"하나님! 해도 해도 너무하십니다. 저는 가난하여 자식들 먹을 빵과 마실 우유 그리고 최소한의 옷을 달라고 기도했는데 섭섭하게도 안 들어주셨습니다. 그런데 저 구두쇠에게는 복권이 당첨되게 하셨습니다. 아무리 생각해도 하나님은 잘못하고 계신 것 같습니다. 투자가 잘못된 것 같습니다. 투자에 서투신 것 같습니다. 하나님! 말씀해주세요."

손님이 올지도 모르잖아

유대교도는 탈무드를 펼치고 공부할 때에는 모자를 쓰는 것이 원칙으로 되어 있다. 그런데 어느 안식일에 나하만이 슈물의 집을 방문했더니 슈물이 모자만 쓰고 벌거벗은 채 탈무드를 공부하고 있지 않은가.

"슈물 군, 옷도 입지 않고 그게 무슨 꼴인가?"

"아아, 이렇게 더운 날에는 아무도 찾아올 것 같지 않아서 좀 벗었을 뿐이야."

"하지만 그 꼴에 모자를 쓰고 있다니 웬일인가?"

"어쩌면 누가 올지도 모른다고 생각해서지."

편역자 주 유대인의 규율에 의하면 벌거벗은 몸으로 성경이나 탈무드를 읽으면 안 된다고 되어 있다.

살아 있다는 증거

유대인의 부림절에는 술을 마시는 관습이 있다. 이날 어떤 유대인이 술을 너무 많이 마시고 보도 위에 벌렁 나자빠졌다. 밤중에 순찰차 나온 경찰관이 이 술주정뱅이를 발견했지만 아무리 보아도 살아 있는 것 같지 않아 시체 안치소로 그를 메고 갔다. 두세 시간이 지나자 술주정뱅이가 술에서 깨어났다.

"이게 어찌 된 일이야? 내가 이런 곳에 와 있다니! 나는 살아 있는데 주위에는 죽은 사람들뿐이니, 나는 죽은 것일까? 하지만 죽은 내가 오줌이 마렵다니 그것 참 이상한 일이군!"

편역자 주 유대인의 부림절은 악의 덫에서 해방된 날이기에 즐거운 축제의 날이다. 그래서 가장행렬을 하고 술을 마음껏 마시고 취한다.

금연

유대인은 안식일에는 불을 쓰지 않으므로 담배를 피우는 것도 허용되지 않는다. 자유주의자 유대인인 코헨 씨가 안식일에 시가를 문 채 산책을 하고 있었는데 자신도 모르게 화약고 앞에까지 왔다. 그를 본 보초병이 눈을 둥그렇게 뜨고 큰 소리로 외쳤다.

"여보시오, 여기선 금연이라는 것도 몰라?"

그러자 코헨 씨는 안되었다는 표정으로 말했다.

"아직도 옛날 같은 보수주의 유대인이 있군."

편역자 주 유대교인이라도 자유주의자들은 안식일에 담배를 피운다. 그러나 보수주의자들은 철저하게 금연한다. 코헨 씨는 보초병이 화약고 때문에 금연이라고 한 것을 보수주의 유대인이 안식일을 지키느라 그러는 줄로 착각했다.

우선권

경건한 유대인일수록 랍비의 묘 옆에 묻히기를 소원한다. 한 랍비가 세상을 떠나 땅에 묻혔는데 다른 한 명이 이미 그 옆에 묻혀 있었다. 나머지 한 자리를 놓고 같은 회당의 2명이 서로 차지하겠다고 다투었다. 곰곰이 생각하던 후임 랍비가 말했다.

"그 자리는 먼저 죽는 사람에게 주겠소."

바보의 정의

히브리 어로 '말[馬]'은 '바보', '멍청이'라는 말과 같은 뜻이다. 그런데 어떤 설교사가 다음과 같이 설교하고 있었다.

"작은 소리로 속삭이기만 해도 마차를 끌어내는 말이 있습니다. 이런 종류의 말을 명마라고 합니다. 또, 한두 번 엉덩이를 두들겨주지 않으면 마차를 끌지 않는 말도 있습니다. 이런 말은 좋은 말이라고 할 수 있습니다. 하지만 호령을 하건 엉덩이를 두들기건 좀처럼 움직이지 않는 말이 있습니다. 이것은 말이라고 할 수 없습니다. 그런데 여러분에게도 같은 말을 할 수 있습니다. 예를 들어, 작은 소리로 속삭여도 아침에 번쩍 눈을 뜨고 기도를 드리기 시작하는 사람들이 있을 것입니다. 이런 사람들은 이를테면 명마('완벽한 바보'라는 뜻도 된다)와 같습니다. 또, 누가 두세 번 깨워주지 않으면 회당에 가서 아침기도를 하려고 하지 않는 사람들도 있을 것입니다. 하지만 이 정도라면 좋은 말이라고 할 수 있습니다. 그러나 아무리 해도 회당에 가지 않으려 하는 사람이 있습니다. 이런 사람들은 이미 말이라고 할 수 없습니다(바보가 아니란 뜻)."

안식일에 잊은 것

안식일에는 담배를 피워서는 안 되는데 막 결혼한 남자가 안식일에 방 안에서 담배를 피우고 있었다. 때마침 장인이 방 안으로 들어왔다.

"자네 왜 안식일에 담배를 피우나?"
"잊었습니다."
"그런 걸 잊으면 되나?"
"아니요. 방문 잠그는 것을 잊었습니다."

정말 죽었구나

옛날에 어떤 구두쇠가 죽어서 장례 준비가 한창 진행되고 있는데도 그의 아내는 울지 않았다. 장례 행렬이 출발하자 자선 헌금을 모으는 사람들이 소리치며 장례 행렬을 따르고 있었다.

"자선을 하면 죽음으로부터 구원받습니다!"

그제야 죽은 이의 아내는 슬퍼하며 비로소 눈물을 흘리기 시작했다. 아들이 어머니에게 물었다.

"지금까지는 가만히 있다가 왜 이제 우세요?"

"네 아버지가 자선 헌금을 모으는 사람들이 오는데도 도망가지 않는 것을 보니 이제 죽었다는 확신이 드는구나! 그래서 울었다. 네 아버지는 정말 죽었구나."

죽음의 사자(使者)

한 남자가 랍비를 찾아와서 말했다.
"랍비님, 큰일 났습니다. 제 아내가 죽을 것 같습니다."
랍비는 잠시 기도를 한 뒤 말했다.
"걱정하지 않아도 됩니다. 죽음의 사자로부터 칼을 빼앗았으니 이젠 안심해도 좋습니다."

남자는 매우 기뻐하며 몇 번씩 감사하다는 말을 한 뒤 집으로 돌아갔다. 얼마 후 그 남자가 되돌아와서 말했다.
"랍비님께서 기도해주셨는데도 제 아내가 죽었습니다."
그러자 랍비는 격분한 어조로 말했다.
"그 못된 죽음의 사자녀석 같으니라고. 칼을 빼앗았더니 맨손으로 목 졸라 죽였군."

그래도 기도해야지요

유대인 학생 2명이 하나님이 계신가 안 계신가에 대해 논쟁을 하고 있었다. 너무 열을 내고 논쟁을 하느라 둘은 목이 탔다. 그중 한 학생이 하나님은 안 계시다고 결론을 내리면서 물 한 컵을 요구했다. 다른 학생이 물을 주자 그는 기도를 한 뒤 마셨다.

"자네는 하나님이 안 계시다고 결론을 내리고 누구에게 기도했나?"

"하나님이 계시고 안 계시고가 문제인가? 유대인은 무엇을 마시거나 먹을 때에는 항상 기도하지 않는가."

사후 세계

어떤 설교사가 말했다.

"옛날, 옛날에 아주 죄 많은 사나이가 있었습니다. 이 사나이가 죽자 땅에 묻으려고 했지만, 대지는 완강하게 그를 받아들이려고 하지 않았습니다. 그래서 화장을 시키려고 했지만, 불 또한 말을 듣지 않았습니다. 할 수 없이 시체를 싼 가마니를 들개에게 던져 주었지만 개들조차도 거들떠보려고 하지 않는 형편이었습니다. 여러분, 아시겠습니까? 이러한 나쁜 업을 받지 않도록 하나님의 가르침을 따라 독실한 믿음을 가지고 살아가야 합니다. 그러면 반드시 땅속에 눕고(히브리 어로는 가난하게 산다는 말과 같은 뜻의 말), 불로 태워지고, 들개에게도 먹힐 수 있습니다."

가짜 설교의 책임

고명한 설교사가 안식일에 어떤 마을에 설교하러 갔다가 자신의 이름을 도용한 엉터리 설교사가 설교하고 있는 것을 보았다. 그래서 몰래 군중 속에 끼어들어 설교를 들어보니 진짜 설교사의 이야기를 많이 들어서인지 아주 그럴듯하게 설교를 했다. 그런데 설교를 마칠 무렵이 되자 자기 생각까지 섞어서 이야기하느라 갈피를 잡을 수 없는 설교가 되어버렸다. 더 이상 참고 들을 수 없었던 진짜 설교사는 연단으로 뛰어올라가 군중을 향해 말했다.

"여러분, 이 사람은 제 이름을 사칭한 가짜입니다. 하지만 제가 어째서 지금까지 이 사람의 정체를 폭로하지 않았을까 여러분은 이상하게 여기실 것입니다. 그래서 다음 이야기를 들려드리려고 합니다.

  아주 가난한 사나이가 어떤 부잣집 결혼식에 초대를 받았습니다. 그는 너무나 배가 고파서 음식을 닥치는 대로 먹은 나머지 속이 좋지 않았습니다. 주인이 친절하게 화장실로 안내해주었더니 그 남자는 조금 전에 먹은 것들을 차례로 토했습니다. 마지막으로 그가 흑빵과 무를 토해내자, 주인은 갑자기 냉담해져서 사나이를 그 자리에 놓아 둔 채 가버렸습니다. '지금 토해낸 것은 우리 집 음식이 아니다. 그러므로 책임질 필요가 없다'는 것이 주인의 설명이었습니다. 여러분 아셨습니까? 이 사나이의 경우에도 같은 말을 할 수 있을 것입니다. 이 사나이가 제 이야기를 흉내 내고 있는 한 저는 불만이 없습니다. 하지만 이 사나이 자신이 생각해낸 이야기에 제가 책임을 질 필요는 없지 않겠습니까!"

거짓말

평소에 성선설(性善說)을 주장하던 랍비가 있었다. 아무리 큰 죄를 저질렀더라도 그 사람 나름대로의 어쩔 수 없는 까닭이 있다며 너그럽게 보아주어 평판이 매우 좋았다. 랍비가 어느 날 안식일인데도 담배를 물고 걸어가는 유대인과 마주쳤다. 랍비는 맡은 바 책임이 있어서 그에게 주의를 주지 않을 수 없었다.

"당신은 오늘이 안식일이라는 것을 잊은 모양이군요?"

"아닙니다. 랍비님. 물론 안식일이라는 것은 알고 있습니다."

"그렇다면 안식일에는 금연이라는 사실을 잊은 모양이군요."

"농담 마십시오. 그런 것쯤은 잘 알고 있습니다."

"흠, 그렇다면 의사 선생님이 권해서 담배를 피우는 모양이군요."

"천만의 말씀, 피우고 싶으니까 피우지요."

"오오, 하나님. 이스라엘 백성들은 이처럼 경건합니다. 안식일의 규칙을 어기면서 담배를 피우는 이런 사나이까지도 성경의 가르침을 지켜서 거짓말은 하지 않습니다."

일방통행

한 남자가 랍비를 찾아와서 말했다.
"랍비님, 죽은 사람과 대화하는 것이 가능할까요?"
"물론 가능하죠. 다만 죽은 사람에게 대답을 구할 수 없을 뿐이죠."

신을 독차지한 사람

유대인 회당에서 어떤 사나이가 큰 소리로 떠들고 있었다.

"오오, 하나님. 단돈 10실링(영국의 옛 화폐단위)이라도 좋으니 은혜를 베풀어주십시오. 배고파 우는 아이들에게 빵이라도 사 주고 싶습니다. 단 10실링이라도 좋으니 하나님 간청합니다."

그때 옆에서 기도를 드리고 있던 돈 많은 유대인이 주머니에서 10실링을 꺼내 사나이에게 주면서 말했다.

"이봐요, 10실링 줄 테니 하나님이 그런 데까지 신경을 쓰시지 않게 해주게나."

구명보트와 거래

두 사람의 유대인이 구명보트에 타고 있었다. 사면을 둘러보아도 배나 섬은 그림자도 보이지 않았다.

그러자 한 사람이 기도하기 시작했다.

"오오 하나님, 만일 무사하게 집에 돌아갈 수만 있다면 재산의 반을 자선사업에 기증하겠습니다."

하지만 아무리 노를 저어도 구원의 손길이 나타나지 않았다. 그러는 사이에 밤이 되었다.

"오오 하나님!"

하고 조금 전의 사나이가 다시 기도하기 시작했다.

"만일 저를 구원해주신다면 재산의 3분의 2를 기증하겠습니다."

그러나 아침이 되어도 아무런 소식이 없었다. 절망에 빠진 사나이가 다시 기도하기 시작했다.

"오오 하나님. 제발 부탁드립니다. 만일 이곳을 무사히 빠져나갈 수만 있다면 저의……"

"이봐, 기다려!"

하고 다른 사나이가 소리쳤다.

"거래를 그만둬, 섬이 보인다!"

임기응변

유대인은 히브리 어로 기도하고 있을 때에는 세속적인 이야기를 해서 기도를 중단하면 안 된다고 되어 있다. 그러나 어쩔 수 없는 경우에 한해서 손짓으로 의사소통을 하는 것은 허용되고 있다. 또, 종교적인 다른 임무를 다하기 위할 때에 한해서 기도를 중단해도 된다는 원칙이 있다.

밤늦게 한 유대인이 여관에 들어갔다. 그런데 여관방이 만원이어서 둘이서 쓰는 방의 침대 하나가 비어 있을 뿐이었다. 이미 들어 있는 손님도 유대인이어서 마침 저녁기도를 드리고 있는 참이었다.

"실례합니다. 이 방의 침대를 쓰려고 합니다만……."

먼저 든 손님은 알았다고 고개를 끄덕인 채 기도를 계속 드리고 있었다.

"나갔다가 밤늦게 돌아와야 할 일이 있는데, 그렇게 해도 괜찮겠습니까?"

먼저 든 손님은 그건 안 된다는 듯이 고개를 가로젓고 계속 기도를 드렸다.

"어쩌면 여자 한 사람을 데리고 올지 모르겠는데, 그래도 괜찮겠습니까?"

그러자 먼저 든 손님은 손가락 둘을 펴 보이며 고개를 크게 끄덕였다.

기부금

돈 많은 카임 욤토프가 기도를 드리고 있는 곳에 교단의 위원 두 사람이 찾아와 기부금을 좀 내달라고 했다. 카임은 못 들은 척하고 큰 소리로 기도를 드리고 있었다. 두 사람 가운데 한 사람이 예의 바르게 카임에게 말했다.

"카임 욤토프 님, 자선을 위해 기부금을 좀 내주십사 하고 찾아뵈었는데, 이 이야기를 위해서 기도를 중단하더라도 교리에 어긋나는 일은 아닙니다."

그러자 욤토프는 앉은 자세를 바꾸며 말했다.

"기도를 중단해도 된다고요? 아 그렇습니까. 그렇다면 기부금은 사양하겠습니다."

신의 은총

랍비가 어린이들에게 이야기를 들려주고 있었다.

"어느 날, 가난한 나무꾼이 숲 속에서 버려진 갓난아기를 발견했어요. 그런데 그 나무꾼에게는 아내가 없었으므로 아기를 키울 방법이 없어서 고민하고 있었답니다. 그래서 나무꾼은 하나님께 기도드렸어요. 그랬더니 기적이 일어났지 뭐예요. 놀랍게도 나무꾼의 가슴에 젖이 생기지 않겠어요, 그래서 아기는 젖을 먹을 수 있게 되어 무럭무럭 자라날 수 있었다더군요."

이 이야기를 듣고 있던 사내아이가 납득이 가지 않는다는 듯이 물었다.

"랍비님, 그 이야기는 이해가 잘 안 됩니다. 남자에게 여자처럼 젖이 생기다니 그건 너무했어요. 하나님께서는 무슨 일이든지 가능하시니 한 부대의 돈을 그 나무꾼에게 주면, 그 돈으로 유모를 고용하면 될 텐데요."

랍비는 한참 골똘히 생각하다가, 갑자기 고개를 쳐들고 말했다.

"이봐, 그건 잘못 생각한 거야. 정말 잘못 생각한 거야. 기적으로 충분한데 하나님께서 구태여 현금까지 줄 필요가 없지 않니?"

모자

신학교 학생 둘이서 논쟁을 하고 있었다.
"경건한 유대교인은 반드시 모자를 쓰고 다녀야 하는데 그건 그렇다 치고 성경에 그런 언급이 없는 것은 어째서일까?"
"이봐, 자네 말도 일리는 있지만, 간접적으로는 성경에 많이 쓰여 있지. 예를 들어 '야곱은 바르샤바에서 와서 하란으로 갔노라'고 말이야. 야곱과 같은 경건한 유대인이 이렇게 먼 여행길을 모자도 쓰지 않고 갔을 리가 없지 않은가."

성경과 탈무드 과외

유럽 특히 동유럽에서 미국으로 이민 가는 유대인 가운데에는 신세계에서 일단 생활의 안정을 찾으면 자신의 자녀들에게 고향에서 하던 탈무드 공부를 계속시키기 위하여 유대교 선생님을 붙여주는 사람들이 많다. 하지만 환경의 차이가 커서 뜻대로 되지 않는지라, 미국에서는 유대교 선생을 놀리는 이야기로 다음과 같은 유머가 있다.

유대교 선생으로부터 숨으려고 하는 사람들이 있다.
첫째, 어린이들.
둘째, 수업료를 청구받는 부모들.

그런데 자녀들이 무엇을 배웠는지 부모가 확인하려고 하면, 이번에는 유대교 선생들이 숨는다. 편역자 주 유대인 부모들은 부득이 자녀들에게 성경을 많이 가르칠 수 없는 환경에 있을 때에는 마치 한국 부모들이 자녀에게 영어, 수학, 국어 등을 과외시키는 것처럼 성경과 탈무드만 가르치는 과외 선생을 고용한다. 주로 랍비들이다. 그래서 유대인 랍비들은 목회를 하지 않고도 성경 과외 수입으로 생활할 수 있다. 기독교에서도 성경 과외를 전담하는 목사가 있으면 어떨까.

신의 응징

시카고에 골프광인 랍비가 살고 있었다. 일주일 내내 안개가 끼어 있다가 겨우 화창해진 날이 마침 안식일이었다. 유대인들은 성스러운 안식일에는 몸을 움직여서는 안 된다는 계율이 있지만 그 랍비는 남의 눈에 띄지 않게 아침 일찍 골프장으로 가서 클럽을 쥐었다. 그러자 랍비의 죽은 부친이 천국에서 이 모습을 목격하고 하나님께 고했다.

"제발 제 아들인 랍비를 응징해주십시오. 계율을 어기고 골프를 치려고 합니다."

하나님께서 대답하셨다.

"좋아, 어디 멋지게 골탕을 먹여줘야지."

하계(下界)에서는 랍비가 볼을 세팅하여 오랜만에 기합 소리 요란하게 스윙을 했고, 볼은 멋지게 250야드를 날아갔다. 더구나 홀인원이 아닌가. 이것을 본 랍비의 부친이 말했다.

"하나님, 이렇게 되면 골탕 먹이는 것이 아니지 않습니까?"

하나님은 웃으시면서 대답하셨다.

"이것으로 되지 않겠는가. 랍비 녀석이 안식일에 홀인원 한 것을 아무에게도 자랑할 수 없을 테니까."

아들의 재능을 알리는 법

유대인이 아들을 위해 유대교 선생을 가정교사로 모셨다. 편역자 주 여기의 '유대인 가정교사'는 성경과 탈무드를 가르치는 가정교사다. 세상 학문을 가르치는 가정교사가 아니다. 어느 날 공부방을 살짝 들여다보았더니 선생이 아들에게 부모가 죽었을 때 외우는 장례식 경문을 가르치고 있지 않은가. 깜짝 놀란 부친은 이렇게 말했다.

"선생님, 나는 아직 젊고 팔팔해서 죽을 때가 멀었습니다."

"그건 걱정하지 않아도 될 겁니다. 댁의 아드님께서 이 경문을 전부 외울 때쯤이면 당신은 백 살은 되어 있을 테니까요."

기적

유대인이 큰 병을 가지고 있는 것을 본 세관 관리가 그 안에 무엇이 들어 있느냐고 물었더니, '룰르드의 물'이 들어 있다고 했다. 룰르드는 프랑스에 있는 가톨릭 성지로 그곳의 물은 치료의 영험이 있다고 한다. 그런 것을 조금도 믿지 않는 관리가 병마개를 열어 보니 웬걸 코냑이 들어 있지 않은가! 그러자 유대인은 깜짝 놀라며 외쳤다.

"아, 기적이 또 일어났군!"

장례식

"코펠 랍비님이 돌아가셨다고 하는데 자네도 그 장례식에 갈 건가?"

"천만에, 내 장례식에도 오지 않을 사람의 장례식에 왜 가겠나!"

복권 기도

어떤 유대인이 열심히 기도를 드리고 있었다.

"하나님 제발 1만 루블짜리 복권에 당첨되게 해주십시오. 만일 당첨만 된다면 그중 10분의 1은 가난한 사람을 위해 기부하겠습니다. 만일 저를 의심하신다면 10분의 1을 먼저 떼셔도 상관없습니다."

제4장

다른 민족과 유머

Talmud

천국 1

가톨릭 신부가 유대인을 놀려대고 있었다.

"당신에게 재미있는 이야기를 들려주겠소. 어떤 유대인이 천국에 몰래 숨어 들어갔어요. 문지기인 페투르스가 나가달라고 했지만 유대인은 천국의 문 뒤에 숨어서 나오려 하지 않았어요. 그래서 페투르스가 한 가지 꾀를 생각해내어 천국의 울타리 밖에서 경매를 알리는 북을 쳤더니 유대인이 허겁지겁 나갔다더군."

이 말을 듣고 있던 유대인이 기쁜 듯이 말했다.

"아니 그 이야기에 이어지는 이야기가 있습니다."

그러고는 말을 이었다.

"여하튼 유대인이 들어가 보니 천국이 더럽혀져서 천국을 깨끗이 하는 예식을 치르려고 신부님을 찾았던 모양입니다. 그런데 천국에는 신부가 한 사람도 없었다고 하더군요."

천국 2

기차 안에서 기독교 목사와 유대교 랍비가 대화를 나누고 있었다. 목사가 엄숙한 표정으로 말했다.

"어젯밤 꿈속에서 유대의 천국이란 것을 보았는데, 어쩐지 지저분해서 마음에 들지 않고, 게다가 유대인들만 우글거리고 있더군요."

랍비도 지지 않고 말했다.

"실은 나도 어젯밤 꿈속에서 기독교의 천국을 보았는데 아주 훌륭한 곳이어서 꽃이 만발하고 온통 꽃향기로 가득 차 있더군요. 햇빛도 화창하고 말이죠. 하지만 아무리 눈을 비비고 보아도 사람을 찾아볼 수 없더군요."

진심

이티크가 중한 전염병에 걸려 입원했는데 의사가 그에게 회복 불능이라고 선고했다. 마지막 기도를 드리기 위해 누구를 불러줄까 하는 말을 듣자 이티크는 가톨릭 신부를 불러달라고 했다.

"하지만 당신은 유대인이 아니오?"

하고 여러 사람이 묻자, 이티크는 숨을 헐떡이며 대답했다.

"유대의 랍비님을 어떻게 전염병 환자가 있는 곳으로 부른단 말입니까……."

편견

군대가 주둔해 있는 곳에 위안소(매춘부의 집)가 생겼다. 그런데 공교롭게도 그 집이 가톨릭 수도원 건너편에 자리 잡고 있었다. 가톨릭 수녀라고는 하지만 그들도 여자로서의 강한 호기심은 어쩔 수 없었는지, 수도원 문틈으로 건너편 집을 엿보는 것이 낙이었다. 어느 날 개신교 목사가 주위를 살펴가면서 위안소로 들어가는 것을 본 수녀들이 격분한 어조로 말했다.

"뻔한 일이지 뭐야. 개신교란 겉으로는 그럴듯한 말을 하면서 뒷구멍으론 저 꼴이란 말이야."

2, 3일 후에 이번에는 유대교 랍비가 그 집으로 들어가는 것을 발견했다.

"유대인은 그리스도를 십자가에 못 박히게 한 지독한 사람들이니 랍비라고 별수 있겠어!"

며칠 후 이번에는 가톨릭의 신부가 그 집으로 들어갔다. 그것을 본 수녀들은 입을 모아 말했다.

"아마, 저 집에서 누군가가 세상을 떠난 모양이지?"

명목 변경

미국 시골에 있는 기독교 교회가 낡아서 새로 짓게 되었다. 그 비용을 위한 모금운동을 하는 부인들이 유대인이 경영하는 가게로 찾아왔다. 가게 주인은 골치 아픈 일이 생겼다고 머리를 긁적거렸다. 그 부인들이 모두 자기 가게의 단골손님인데다, 그렇다고 기독교의 교회를 세우는 데 필요한 기금을 유대인이 헌납할 수도 없는 일이었다. 생각하고 생각한 끝에 겨우 좋은 아이디어가 떠올랐다.

"저, 새로 짓기 전에 낡은 건물은 부수어야겠죠?"

"네, 물론이죠."

"그렇다면 아마 그 비용도 필요하겠죠?"

"물론이죠. 그 비용만도 300달러나 든다고 하더군요."
"그렇다면 그 300달러는 제가 부담하기로 하죠."

편역자 주 유대인의 규율은 기독교인이 예배를 드리는 예배당에 출입하는 것조차 금지하고 있다. 더구나 교회를 짓는 건축비용은 더 낼 수 없다. 따라서 이 유대인은 생각 끝에 교회 건물을 허무는 비용을 부담하겠다고 했다는 유머다.

역시 다윗의 자손

언젠가 유대인이 가톨릭 신부의 부름을 받아 종교문답을 받지 않을 수 없는 처지가 되었다. 독일의 마인츠 대주교가 프랑크푸르트 시의 유대인에게 대표자를 파견해 달라고 명령하자 유대인들은 서로 두려워하며 나서려고 하지 않았다. 그러자 아직 어린 나이의 모리스가 자신이 마인츠로 가겠다고 자청하고 나섰다.

드디어 모리스가 유대인을 대표하여 마인츠 대주교를 찾아갔다. 대주교는 먼저 엄지손가락을 세운 주먹을 모리스 앞에 불쑥 내밀었다. 그러자 모리스는 두 손가락을 세운 주먹을 내밀었다.

다음엔 대주교가 손바닥을 내밀자 모리스가 그 답으로

주먹을 내밀었다. 대주교가 금으로 된 컵에서 완두콩을 꺼내어 마룻바닥에 뿌렸다. 그러자 모리스는 콩을 일일이 주어서 금으로 된 컵 속에 도로 넣고 코트 주머니에 넣었다. 이를 지켜본 대주교가 말했다.

"유대인이 선택받은 민족이라 불리는 것이 당연하군. 어린애들까지도 올바른 생각을 가지고 있으니. 내가 '너희들은 유일한 신만을 믿고 있지?' 하고 손가락 하나를 펴 보였더니 '당신들 크리스천은 두 신, 즉 하나님 아버지와 그 아들을 믿고 있다'고 했어. 그래서 '너희들은 이 세상에서 의지할 데가 아무 데도 없지 않은가?' 하고 말했더니 '하지만 단결해 있으니까 강하지요'라고 대답했어. 마지막으로 '주께서는 너희들을 이 땅 위에 뿌리셨다'라고 갈파했더니 '주께서는 우리를 주어서 자비로운 포대기로 싸주신다'고 대답했어."

모리스가 집에 돌아오자 모두가 걱정스런 표정으로 물었다. 그러자 그는 태연하게 대답했다.

"간단한 일이죠, 뭐. 대주교가 하나라고 값을 매기기에 나는 둘이라고 했죠. 그랬더니 값을 내리려고 하기에 '그

222

런 태도로 나오면 한 대 먹이겠소' 하고 주먹을 보였죠. 그랬더니 화를 내며 황금 컵 안에 있던 완두콩을 마룻바닥에 뿌리더군요. 그래서 '당신이 싫다면 내가 갖겠습니다' 하고 그것을 주워 모아 컵 속에 넣고 돌아왔죠. 하지만 밖에 나와서는 콩은 버리고 이 컵만 가져왔어요."

두목

유대인들이 유럽 각 나라에서 가는 곳마다 핍박을 당하자 그들 중에는 하나님에게 반감을 품는 이들도 있었다. 하나님이 정말 계시다면 왜 우리가 이토록 고난당하도록 두고 보기만 하느냐는 것이다.

제정 러시아 시절 사형당하기 직전인 한 유대인에게 랍비가 찾아가서 말했다.

"당신에게 마지막 하나님의 말씀을 전하러 왔습니다."

그러나 유대인은 '흥' 하고 콧방귀를 뀌었다.

"당신의 신세를 지고 싶지 않습니다. 어차피 반시간쯤 지나면 당신의 두목을 만날 수 있을 테니까요."

숙명

옛날 유대인이 기독교로 개종하면 교회에서 약간의 돈을 지급해 주던 시대가 있었다. 그런데 거주지를 자주 바꾸고 그때마다 기독교로 전향하여 돈을 버는 유대인들이 적지 않았으므로 이 제도는 폐지되고 말았다. 그러자 가난한 유대인이 탄식하며 말했다.

"여러분, 유대민족이란 역시 이 세상에서 박해받을 운명에 처해 있습니다. 마지막 남은 약간의 돈벌이 수단까지 빼앗기고 말았으니까요."

세례

유대교 교구로부터 생활보호를 받고 있던 가난한 유대인이 기독교 교회에서 주는 돈이 탐나서, 몰래 기독교도로 개종한 것이 발각되어 생활수당이 끊기고 말았다. 그는 크게 한숨을 쉬며 말했다.

"먼 옛날, 우리 유대인은 모세 님의 안내로 홍해의 물을 온통 뒤집어쓰고도 성스러운 나라에 도착하지 않았는가. 그런데도 엄연한 유대인으로 인정받았는데, 나에게 세례의 물방울이 두세 방울 떨어졌다고 해서 동포가 아니라니 도대체 이해할 수가 없구나."

편역자 주 유대인이 이집트에서 탈출하여 홍해를 건넌 사건을 세례로 표현한다(고전 10:1-4). 기독교인은 세례를 줄 때에 대부분 물에 잠기게 하지 않고 머리에 물을 뿌린다. 여기에서 말하는 '세례의 물방울'은 기독교식 세례를 말한다. 단, 기독교 교단 중에서도 침례교는 세례(침례) 시 몸을 물에 잠기게 한다.

개종(改宗)

두 사람의 유대인이 이야기를 나누고 있었다.

"기독교로 개종한 유대인은 행복한데 유대교로 개종한 기독교도는 왜 불행할까?"

"전자는 유대인의 두뇌와 기독교도의 운명을 갖추었으나, 후자는 기독교도의 두뇌와 유대인의 운명을 짊어지고 있기 때문이지."

착각

　　　　　　유대교도는 개종하려고 해도 좀처럼 다른 종교의 관습을 모른다. 예를 들어, 가톨릭 신부가 제단에 가까이 갈 때에는 모자를 벗는 관습이 있다. 코헨이 기독교로 전향할 것을 권유받았다. 그렇다면 그쪽 형편부터 보고 오자는 마음으로 교회를 갔다가 얼마 후 씩씩대며 돌아왔다.

"나는 절대로 가톨릭교도 따윈 되지 않겠어. 그런 엉터리는 난생 처음 봤어. 많은 사람이 모여 있고 앞에 큰 신부와 작은 신부가 있는데, 작은 신부란 마치 절간에서 심부름하는 꼬마 중 같더군. 그리고 큰 신부가 제단에 나가서서 모자를 벗자마자 어딘가에 감추어버리더군. 그러고는 큰 소리로 중얼거리는데 아마도, 내 모자가 어디로 가버렸다고 중얼거리는 것 같더군. 그러자 거기 모인 녀석들이 입을 모아 당신의 모자 따윈 본 일이 없다고 노래하더군. 그러면 신부는 제가 감추었는데도 제가 찾아낸 척하더군. 먼저 두툼한 책을 펼쳐 보고는 생각나지 않는 척하더니 그 다음에는 옆에 있는 상자의 뚜껑을 열고 들여다보고, 그래도 보이지 않자 무릎을 꿇고 제단 아래를 들여다보거나 마루 위를 둘러보거나 하더군. 그래도 보이지 않는다고 하자, 작은 신부가 종을 치면서 돈을 걷으러 돌아다녀요. 그 돈으로 새 모자를 사려는 모양이더군. 돈이 적당히 모아지면 잠시 후에 모자를 꺼내는데 일단 모은 돈은 돌려주지 않더군."

원상 복귀

유대인끼리 논쟁을 하고 있었다.

"나는 기독교로 개종할 거야."

"무슨 소릴 하는 거야? 돌아가신 아버님이 천국에 가지 못하고 비석 밑에서 돌아누우시겠어."

"아니 그럴 걱정은 없어. 다음 주에 내 동생도 개종하니까. 그러면 우리 부친은 다시 한 번 돌아누우실 테니 원상 복귀가 되지 않겠는가."

편역자 주 유대인은 다른 종교로 개종하는 것을 극도로 금기시한다. 이를 위해 순교까지 한다. 그래서 정통파 유대인이었던 바울은 기독교로 개종하면서 유대인으로부터 심한 고난을 겪어야 했다.

고해성사의 수확

유대인인 브라운과 그린이 가톨릭으로 개종하고 신부에게 고해성사를 하게 되었다. 처음에 그린이 신부에게 제6계명(간음죄)을 범했음을 고백했다. 신부가 상대방이 누구냐고 묻자, 그린은 좀처럼 이름을 밝히려고 하지 않았다.

"그렇다면 빵집 딸 밀리가 아닌가?"
"아닙니다. 신부님."
"흠, 그렇다면 푸줏간 집 딸 메리인가?"
"절대로 그렇지가 않습니다."
"그렇다면 목수 집 딸 그레텔인지 모르겠군."
"당치도 않습니다."

그린이 끝까지 상대방의 이름을 대지 않으므로 결국 고해성사는 무효가 되었다. 브라운은 신부를 만나고 돌아온 그린에게 호기심으로 물어보았다.

"그린, 어떻게 되었어? 죄의 사함을 받았는가?"

"천만에, 용서를 받지 못했어. 그 대신 좋은 주소를 세 곳 알아냈지."

눈물 흘리는 마돈나 상

옛날에는 에스파냐에서 가톨릭 이외의 종교를 믿는 일이 금지되어 있었다. 어떤 남자가 에스파냐의 가톨릭 사원을 견학하러 왔다. 안내를 맡은 신부가 성 마돈나 상 앞에서 설명했다.

"이 마돈나 님은 유대인이 그 앞에 서면 눈물을 흘리신다는 전설이 있습니다."

그러자 견학하러 온 사나이는 격분해서 말했다.

"농담을 하시는군요. 나는 유대인인데, 이 상은 눈물을 흘리지 않는데요?"

그러자 신부는 주위를 둘러보면서 작은 목소리로 대답했다.

"아무도 없으니까 말이지만, 실은 나도 유대인입니다."

계율 때문에

모세의 계율에서는 돼지고기를 금한다. 붉은 포도주는 본래 허용되는 음식이나 기독교에서는 그리스도의 피의 상징인 포도주를 유대인이 마시는 것을 싫어했으므로 유대인들은 이교도 앞에서는 붉은 포도주를 마시지 않았다. 오늘날에도 믿음이 독실한 유대인은 동료들하고만 붉은 포도주를 마신다.

어떤 유대인과 독일인 장교가 기차의 같은 칸에 타고 있었다. 장교는 맛있는 듯이 햄이 든 샌드위치를 먹고 있다가 유대인에게 권했지만 유대인은 미안한 듯이 사양했다. 그러자 장교는 이번에는 붉은 포도주를 꺼내서 조금씩 마시기 시작했다. 장교가 또다시 포도주를 권했지만 유대인은 여전히 사양했다.

"배도 고프지 않고 목도 마르지 않습니까?"

"물론 배도 고프고 목도 마르지요. 유대교의 계율이 허락하지 않을 뿐이지요. 그러나 생명에 위험이 닥칠 때에는 허용되지요."

그러자 장교는 재빨리 권총을 들이대며 농담 반 진담 반으로 위협했다.

"자, 마시지 않으면 쏘겠소!"

그러자 유대인은 포도주를 마셨다. 나중에 장교가 말했다.

"장난이 너무 지나쳤던 것 같은데 용서해주십시오."

"천만의 말씀입니다. 그런데 샌드위치를 먹을 때에는 어째서 위협하지 않았습니까?"

예수님은 유대인의 친척

개신교 목사가 하늘로 올라가자 천국의 입구에서 문지기인 페투르스가 폴크스바겐(독일제 소형 자동차 이름)을 내주면서 말했다.

"당신의 선행에 대한 보상이오."

얼마를 달리다 보니 개신교 목사는 가톨릭 신부가 번쩍이는 미국제 승용차를 타고 가는 것을 보게 되었다. 그래서 페투르스에게 물었다.

"저 사람은 나보다도 좋은 일을 더 많이 했습니까?"

"저 사람은 예수님에게 많은 재물을 바쳤기에 그 보상을 받은 것이오."

개신교 목사가 잠시 후에 보니 이번에는 유대인 랍비가

롤스로이스(영국제 최고급 승용차)를 타고 있지 않은가. 목사는 격분한 어조로 말했다.

"저 녀석은 주님께 제물 같은 걸 바치지도 않았지 않소?"

그러자 페투르스가 작은 소리로 대답했다.

"쉿, 조용히 하시오. 저 사람은 예수님의 친척이오."

신의 현명한 판단

어떤 유대인이 기도를 하고 있었다.

"오오, 하나님. 반은 가난한 사람에게 나누어 주겠사오니 복권에 당첨되게 해주십시오."

기도한 보람도 없이 그는 복권에 당첨되지 않았다. 그러자 그는 개신교 교회에 가서 양초 한 자루를 바치고 상금의 반은 교회를 위해 기부하겠다고 기도했다. 그러자 영험이 있었는지 복권에 당첨되었다. 유대인은 기쁜 듯이 말했다.

"기독교의 하나님에게 기도하는 것이 더 이롭다는 것을 알았다. 하지만 우리의 하나님이 훨씬 현명하시다. 내가 거짓말쟁이이며, 기부금 따위를 절대로 내지 않는다는 것을 꿰뚫어 보고 계셨으니까."

교육의 위력

유대인 학부모가 일곱 살 난 아들 때문에 골치를 썩이고 있었다. 처음에는 아들을 유대인 학교에 보냈는데 늘 말썽만 부렸다. 이틀이 멀다 하고 학교 선생님으로부터 아들의 품행이 불량하다고 연락이 왔다. 할 수 없이 개신교 학교에 보내면 나아질까 하여 보냈는데도 버릇이 고쳐지지 않았다. 역시 이틀이 멀다 하고 학교 선생님으로부터 아들의 품행이 불량하다고 연락이 왔다.

유대인 학부모는 마지막으로 아들을 가톨릭 학교에 보냈다. 그런데 일주일이 지나도 학교 선생님으로부터 연락이 오지 않았다. 드디어 아들의 버릇이 고쳐진 것이다. 부모가 의아한 생각이 들어 아들에게 물었다.

"어째서 네가 그렇게 얌전해졌는지 말 좀 해보렴."

아들이 심각한 얼굴로 답했다.

"엄마, 가톨릭 학교에 가서 정말 끔찍하게 무서운 것을 보았어요. 예배당 정면 맨 앞에 커다란 십자가 나무를 세워 사람을 잔인하게 매달아 놓고 머리에 가시가 돋친 관을 씌워 이마에는 피가 흐르고, 손과 발은 못을 박아 꼼짝 못하게 해놓았어요."

아들은 말을 계속 이었다.

"그래서 나는 이 학교에서는 나처럼 말썽꾸러기 애들을 저렇게 벌주는구나 생각하고 고분고분하게 말을 잘 들었지요."

적성검사

모리츠의 나이가 열 살이 되자 교육에 열성적인 어머니가 그를 진학시키려고 적성검사를 받게 하기 위해 랍비에게 상담하러 왔다. 랍비가 말했다.

"매우 간단한 방법이 있습니다. 책상 위에 세 가지 물품을 놓고 아이에게 선택하게 합니다. 술을 채운 술잔 하나와 돈주머니 하나, 거기에 성경 한 권. 이 셋 중에서 하나를 집게 합니다. 만일 술잔을 택하면 방랑자가 될 염려가 있고, 돈주머니를 택하면 상인이나 은행가로 나가면 출세할 것입니다. 성경을 택하면 랍비로 키우면 될 것입니다."

그래서 어느 날 모리츠를 불러 시험을 해보았다. 아버지나 어머니도 긴장된 마음으로 모리츠를 지켜보고 있었다.

랍비의 설명을 잠자코 듣고 있던 모리츠는 이윽고 술잔을 들어 단숨에 술을 마시고, 돈주머니를 주머니 속에 챙겨 넣은 다음 성경을 옆구리에 끼고 도망치려고 했다. 그러자 그의 어머니가 깜짝 놀라며 소리쳤다.

"오오, 하나님. 이 아이는 가톨릭 신부가 될 것 같습니다."

제5장

교육과 유머
Talmud

걸어서 무덤까지

아버지의 임종이 가까워지자 아들들이 모여 장례 계획을 세우고 있었다. 장남이 먼저 말했다.

"우리 아버지는 훌륭하신 분이시니 장례 행렬에 마차 50대는 준비해야 한다."

차남이 반대했다.

"마차 50대를 빌리려면 비용이 너무 많이 들어 장례를 치른 뒤 파산할 것입니다. 25대 정도면 충분합니다."

장남이 또 말했다.

"장례 주례는 유명한 랍비 스티븐 와이즈에게 맡기자."

그러자 차남이 또 이렇게 말했다.

"그는 사례비를 많이 요구할 것입니다. 시골 랍비에게

부탁하면 돈을 얼마 주지 않아도 됩니다."

이 말을 듣고 아버지가 벌떡 일어나서 말했다.

"둘째야! 내 바지를 가지고 와라. 내 발로 걸어서 공동묘지까지 가겠다. 그러면 돈이 하나도 들지 않을 것 아니냐."

중동 평화

유대인 한 명이 아랍인 2명과 함께 비행기에 앉았다. 유대인이 구두를 벗고 평안한 휴식을 취하고 있던 중 아랍인들이 유대인의 옆구리를 위협적으로 찌르면서 말했다.

"잔소리 말고 주스 한 컵 가지고 와."

유대인은 싸우고 싶지 않아 일어나서 오렌지 주스를 가지러 갔다. 그런 사이 아랍인은 유대인 구두 속에 침을 마구 뱉었다. 그러곤 아랍인은 유대인이 가지고 온 주스를 즐겁게 다 마셨다. 평온한 여행이 계속되었다. 잠시 후 도착한다는 안내 방송이 흘러나왔다. 유대인이 신을 신으려니 구두 속이 온통 침으로 질퍽거렸다. 유대인은 아랍인을 보면서 말했다.

"이스라엘과 아랍이 평화로우려면 아랍인은 유대인의 구두에 침을 뱉지 말아야 하며, 유대인은 아랍인이 마시는 오렌지 주스에 오줌을 싸지 말아야 합니다."

수평문화에 물든 젊은이

다른 나라에 흩어져 살다 이스라엘로 이민 온 대부분의 유대인들은 히브리 어를 잘 모른다. 그래서 이스라엘에서 태어난 청소년들은 부모보다 히브리 어를 더 잘하는 것이 보통이다. 이와 관련해 버릇없는 이스라엘 젊은이들에 대한 유머가 생겼다.

"도이체 씨, 히브리 어를 좀 할 수 있게 되었나요?"
"겨우 몇 마디뿐입니다. 샬롬(안녕하십니까), 베와카샤(영어의 please), 토나(감사합니다) 정도입니다."
"그런데 댁의 아드님은 아주 히브리 어가 유창하다고요."

"무슨 말을 하는지 몰라도, 내가 알고 있는 세 단어만은 아직 외우지 못한 모양입니다. 그 말을 하는 것을 한 번도 들어본 적이 없으니까요."

편역자 주 유대인들이 자녀의 인성교육을 위해 꼭 가르치는 단어들이 있다. '샬롬(안녕하십니까)', '베와카샤(영어의 please)', '토나(감사합니다)' 등이다. 그런데 자신의 아들은 그런 단어를 사용하지 않는 버릇없는 젊은이라는 뜻이다. 더 자세한 내용은 편역자의 저서 《인성교육 노하우》(동아일보, 2008), 제1부 제1장 Ⅱ. '바람직한 보편적 인성의 요소'와 제2부 '수직문화와 수평문화' 참조.

랍비의 선물

너무나 구제를 좋아해 가난해진 랍비가 있었다. 어느 날 이방인이 배고파 죽겠다며 찾아왔다. 마음 약한 랍비가 돈을 주려고 찾아보았으나 돈이 없자 대신 보석함을 열고 아내가 안식일에 사용하는 반지를 꺼내주었다. 아내가 돌아오자 랍비는 그 반지를 거지에게 주었다고 말했다. 아내는 소스라치게 놀라면서 비명을 질렀다. 그리고 빨리 거지를 만나 찾아오라고 말 한 마리를 내주었다. 랍비는 거지를 쫓아갔다. 숨을 헐떡이며 거지를 따라간 랍비는 거지의 귀에 대고 말했다.

"친구여! 그 반지는 진짜 다이아몬드이니 비싸게 팔아야 하오. 속지 않도록 조심하시오."

기억하는 방법

마을 학교의 선생님이 코흘리개 어린 애들에게 유대교의 기초를 가르치려고 했지만, 모두가 한결같이 이해력이 부족하여 진전이 없었다. 하여간 안식일에 외우는 최소한도의 경문만이라도 머릿속에 집어넣어주어야만 했다. 그래서 선생님은 한 가지 묘안을 생각해냈다.

"이봐, 도비돌, 다섯 개의 단어가 각각 네 옆집에 살고 있는 사람들의 이름이라고 생각하면 외우기 쉽겠지."

"예를 들어 '욤' 이것은 저기 사는 농부인 마토우웨이를 뜻하고, '하시시' 이것은 이반을 뜻하고, '바에플' 이것은 막심을 뜻하는 거야. 그 다음에 '하샤마이앰'은 표트르, 그리고 '베할레즈'는 랍비를 뜻한다고 생각하면 될 거야."

도비돌은 그것 참 묘안이라 생각하고 열심히 그 단어들을 외웠다. 이튿날 아침에는 선생님 앞에서 그 단어들을 줄줄 외우기 시작했다.

"욤, 바에플……,"

도비돌이 외우는 것을 듣고 있던 선생님이 말했다.

"이봐, 중간에 '하시시'란 말이 빠졌잖아."

"선생님, '하시시'는 어젯밤 세상을 떠났습니다.

아들의 성적표

학기말 시험을 엉터리로 치르고 돌아온 모리츠가 며칠 뒤 학교로부터 통지문을 받았다. 진급이 불가하니 1년 더 공부를 하라는 것이었다. 그는 부친에게 말했다.

"아버지, 제 인기가 아주 좋은 모양입니다. 선생님도 감격하셨는지 1년만 더 머물러달라시더군요."

현실적인 계산

학교에서 선생님이 학생에게 물었다.

"베를린에서 취리히까지의 직선거리가 700킬로미터라 치고, 우편 비둘기가 시속 100킬로미터의 속도로 날아간다면, 몇 시간 걸리는지, 모리츠가 대답해봐."

"여덟 시간입니다."

"틀렸어, 일곱 시간이야. 어떻게 그런 계산이 나오지? 좀 더 열심히 공부해야겠다."

"하지만 비둘기도 프랑크푸르트 근처에서 한 시간쯤 쉬고 싶을 것입니다. 그러니 제 답이 보다 현실적이며 맞는 답일 것입니다."

부전자전

모리츠의 부친이 아들을 전학 온 학교 선생님에게 소개하면서 수학을 잘한다고 자랑했다.

"사실인지 알아보죠. 모리츠. 선생님이 네 아버지 가게에서 바지 한 벌분의 옷감으로 1야드 4분의 3을 샀더니 1야드에 1파운드 3분의 2라고 해. 자, 전부 얼마가 되지?"

모리츠는 어렵다는 내색을 보이지 않고 이렇게 대답했다.

"선생님, 그런 싸구려 천으로는 바지를 못 해입어요. 적어도 1야드에 2파운드짜리는 되어야 해요. 게다가 선생님 정도 체격이라면 바지 한 벌분으로 3야드는 들 것입니다. 그러면 합계 6파운드는 있어야죠."

도둑의 성향

신학생 둘이 엄숙하게 촛불 아래에서 밤늦게까지 탈무드를 공부했다. 슬슬 자려고 이불을 긴 의자 위에 펼치는 순간 사납게 생긴 2명의 코사크인이 창문을 넘어 침입해서 촛대와 이불을 강탈해 갔다. 너무 놀란 두 학생이 겨우 정신을 차리고 말했다.

"저 코사크인들은 어느 신학교에 다니는 녀석들일까? 밤에는 잠을 자야 한다고 가르치는 신학교에 다니는 녀석들이라면 촛대 따윈 필요가 없을 테고, 밤새워 공부해야 한다고 가르치는 신학교라면 이불이 필요하지 않을 텐데 말이야."

"이봐, 그건 뻔하지 않은가. 녀석들 둘은 아마 각각 다른 학교에 다니고 있을 거야."

담장을 넘어간 나뭇가지

두 집 사이에 담장이 있었다. 한 집은 담장 밑에 채소를 심었는데 옆집 나뭇가지가 담을 넘어와서 그늘이 생기자 그 밑의 채소가 제대로 자라지 못했다. 그래서 자기네 집 담장을 넘어온 가지만 잘라달라고 이웃집에 요청했다. 그러나 옆집 사람이 말했다.

"그 나무는 균형 잡힌 모습입니다. 한쪽을 자르면 나무 값이 나가지 않습니다. 자를 수 없습니다."

채소를 심은 사람은 할 수 없이 랍비에게 가서 해결책을 요구했다. 랍비는 가만히 듣더니 말했다.

"내일 판결하겠습니다."

둘은 할 수 없이 집으로 돌아갔다가 다음 날 랍비를 다시 찾아갔다. 랍비가 말했다.

"잘라야 합니다."

한 사람이 물었다.

"그렇게 간단한 이야기를 왜 어제 말하지 않고 하루를 미루었습니까?"

"잘라야 한다고 말하려다 보니 우리 집 나무가 옆집 담장을 넘어가 있는 것을 알았습니다. 그래서 어제 가서 잘랐지요. 그러고 나서 잘라야 한다고 말하는 것입니다."

거울의 원리

"랍비님, 전 아무래도 모르겠습니다. 가난한 사람들은 힘이 닿는 데까지 서로 도와주는데 부자들은 여유가 있으면서도 도와주지 않습니다. 어째서 그럴까요?"

"잠깐 창문 밖을 내다보십시오. 밖에 무엇이 보입니까?"

"한 여인이 어린이의 손을 잡고 걸어가고 있고 시장에 자동차 한 대가 들어가려고 하는 것이 보이는군요."

"흠, 그래요? 그러면 다음에는 벽에 있는 거울을 보아주십시오. 무엇이 보이죠?"

"물론 제 얼굴밖에 보이지 않습니다."

"그렇습니다. 창이나 거울이나 똑같은 유리지만 은칠을 조금만 하면 자기 모습밖에 보이지 않죠."

장래성

순회 설교사의 설교를 듣고 훌쩍훌쩍 울고 있는 사나이가 있었다. 설교가 끝난 뒤, 설교사는 사나이에게 이유를 물었다.

"내 이야기가 그다지도 감명이 깊던가요?"

"아닙니다. 실은 제 아들이 아무래도 순회 설교사가 되겠다고 하며 이 아비의 말을 듣지 않습니다. 그런데 당신의 이야기를 듣고 보니 아들의 장래가 걱정되어 저도 모르게 눈물이 흘러나왔습니다."

가장 좋은 것과 가장 나쁜 것

랍비 요한 벤자민 자카이가 5명의 제자를 앞혀 놓고 물었다.

"인생에서 추구해야 할 가장 좋은 것은 무엇인가?"

랍비 엘리에셀이 말했다. "좋은 눈입니다."

랍비 요슈아가 말했다. "좋은 친구입니다."

랍비 요세가 말했다. "좋은 이웃입니다."

랍비 시므온이 말했다. "미래를 보는 지혜입니다."

랍비 엘리아살이 말했다. "선한 마음입니다."

이것을 들은 랍비 요한이 결론을 내렸다.

"엘리아살이 가장 훌륭한 답을 말했다. 왜냐하면 선한 마음속에는 모두가 들어 있기 때문이다."

랍비 요한이 다시 물었다.

"인생에서 피해야 할 가장 나쁜 것은 무엇인가?"

랍비 엘리에셀이 말했다. "악한 눈입니다."

랍비 요슈아가 말했다. "악한 친구입니다."

랍비 요세가 말했다. "악한 이웃입니다."

랍비 시므온이 말했다. "돈을 빌리고도 갚지 않는 사람입니다."

랍비 엘리아살이 말했다. "악한 마음입니다."

이것을 들은 랍비 요한이 결론을 내렸다.

"엘리아살이 가장 훌륭한 답을 말했다. 왜냐하면 악한 마음속에는 모두가 들어 있기 때문이다."

젊은 아버지

젊은 아버지가 칭얼거리는 갓난아기를 열심히 달래면서, 줄곧 이 말만 했다.

"모리츠야 진정해, 진정하란 말이야."

지나가던 여자가 그것을 보고 말했다.

"정말 참을성이 많은 아버지군요. 아기가 모리츠인가요?"

"아닙니다. 제 이름이 모리츠이고, 이 아이의 이름은 사미입니다."

> **편역자 주** 유대인 아버지는 자녀의 선생이다. 선생의 첫 번째 자격의 조건은 인내다. 그래서 유대인 아버지는 우는 아기 때문에 화가 나지만, 자신에게 계속 '진정하라'고 반복해 말한 것이다. 자세한 것은 《유대인 아버지의 4차원 영재교육》(동아일보, 2006) 제1부 제2장 '유대인 아버지의 종교교육' 참조.

교사의 임기

유대교 교사의 임기는 반년으로 정해져 있는데 거기에는 그럴 만한 이유가 있다. 아이들을 반년씩이나 가르치고 있으면 분통이 터져서 병이 나기에 병이 나기 전에 교체하는 것이다. 만일 병이 나지 않는 교사라면 무능하다는 증거이므로 역시 반년이 지나면 자동적으로 임기가 만료된다.

지구의가 기운 이유

교육부 관리가 초등학교를 시찰하러 왔다가 한 학생에게 물었다.

"지구의는 왜 기울어져 있지?"

학생은 당황하여 자신이 그런 것이 아니라고 변명했다. 관리는 어처구니가 없어서 교사에게 교육이 신통치 않다고 하자, 교사는 얼굴을 붉히며 더듬더듬 말했다.

"이 지구의는 처음 사올 때부터 이렇게 기우뚱했습니다."

그래서 이번에는 교장 선생에게 알리자, 교장은 즉시 교사를 불러 호령했다.

"당신들에게 학교 교재를 유대인 가세에서 사서는 안 된다고 주의시키지 않았소!"

어머니의 가출

미국에 사는 한 유대인 아가씨가 집에 돌아와 어머니에게 말했다.

"엄마, 나 이번에 결혼해요."

"오, 그러냐? 잘됐구나."

"하지만 나하고 결혼할 그 사람은 고이(비유대인이라는 뜻)인걸요."

"그래도 좋아. 네가 결혼을 한다니 반가운 일임에 틀림없잖니?"

"그런데 엄마, 그이는 흑인이야."

"흑인이면 어떠냐? 우리는 인종 문제에 너그러워야 하지 않겠니?"

"그런데 엄마, 그이는 실업자(失業者)예요."

"괜찮다. 네가 벌어서 도우면 되잖니?"

"게다가 그이는 거처할 곳도 없어요."

"우리도 단칸방에서 살기는 하지만, 아빠가 응접실 소파에서 자면 되니까 너희 부부가 침대에서 자거라."

"그럼 엄마는 어디서 자요?"

"당연히 엄마는 집을 나갈 거야.

제6장

고난의 역사와 유머
Talmud

누가 더 위대한가

제1차 세계대전 때 러시아 전선에서 포로가 된 독일 병사가 유대인 감시원을 향해 말했다.

"우리 빌헬름 황제께서는 그야말로 위대하시지. 매주 한 번은 전선에 나오시니까."

그러자 유대인 감시원이 대답했다.

"뭘 그걸 가지고 그러나. 우리 니콜라이 황제께서는 좀 더 위대하시지. 자신은 꼼짝도 않으시지만, 가만히 있어도 매주 전선이 저절로 다가오고 있으니 말이야."

축제일

히틀러가 연설하는 날이었다. 유대인이 몰래 숨어 들어가 히틀러가 연설하는 것을 보면서 웃고 말았다. 그는 결국 나치 돌격대원에게 들켜서 체포되었다.

"당신은 왜 비웃었는가?"

"바로가 유대인을 죽이려고 했지만 바로가 죽고 유월절이 생겼습니다."

"그래서?"

"하만이 유대인을 죽이려고 했는데 역시 하만이 죽고 부림절이 생겼지요. 히틀러가 유대인을 죽이려 하면 히틀러가 죽고 또 무슨 절기가 생기나 해서 웃었지요."

황제의 자격

제정 러시아 시절, 유대인이 병역의 의무를 피하려고 필사적으로 군의관에게 엄살을 떨고 있었다.

"저는 결핵환자입니다."

"그게 어쨌단 말인가? 볼로시로프 장군은 결핵환자인데도 용감한 군인이야."

"그러나 저는 한쪽 눈이 보이지 않습니다."

"이바노프 장군을 보란 말이야. 한쪽 눈만 가지고도 군인의 모범이 되어 있지 않은가."

"게다가 저는 정신지체자입니다."

"바보 같은 소리 작작해. 황제님을 봐라, 정신지체임에도 불구하고 직무를 다하고 있지 않은가."

유대인 신문

유대인 남자가 공원 벤치에 앉아 한가로이 유대 신문을 보고 있었다. 그때 그의 유대인 친구가 미국 신문을 들고 지나가며 말했다.

"이봐, 자네 무슨 짓인가! 미국 신문을 봐야지! 유대 신문에는 항상 나쁜 소식뿐이야. 미국에서의 반유대인 정책, 이스라엘에서의 사건들, 온통 유대인이 손해 보는 내용밖에 없잖아."

"그럼 미국 신문에는 뭐 좋은 게 있나?"

"미국 신문에는 '돈은 유대인이 다 가지고 있다', '유대인이 금융계를 쥐고 있다', '유대인이 언론을 장악했나' 등 온통 좋은 소식뿐이잖나?"

스탈린의 부활을 겁내는 나라들

소련 내에 스탈린의 유해를 안치하는 것을 꺼림칙하게 여긴 흐루시초프가 드골에게 나폴레옹의 묘가 있는 파리의 앵발리드를 사용하게 해달라고 부탁했다. 그러나 드골은 앵발리드가 영웅을 모시는 묘지라며 승낙하지 않았다. 그래서 흐루시초프는 워싱턴에 전화를 걸었다. 그러나 알링턴 묘지도 스탈린만은 거절하겠다는 답변이 왔다. 역시 영국의 웨스트민스터 사원도 영국의 영웅 이외는 사절이라고 했다.

할 수 없이 이스라엘에 부탁했는데 뜻밖에도 인수하겠다는 회신이 왔다. 하지만 회신 끝에 "신뢰할 수 있는 국제 통계에 의하면 성스러운 이스라엘에서 부활의 확률이 세계 최고 수준임을 염두에 두시기 바랍니다."라고 쓰여 있었다. 그래서 스탈린의 유해는 지금도 소련에 그냥 묻혀 있다고 한다.

당의 요구

공산당 정치교육원이 어떤 유대인에게 질문했다.

"당이 그대의 마지막 1루블을 요구하면 어떻게 하겠는가?"

"네, 곧 내놓겠습니다."

"그대가 가지고 있는 마지막 셔츠를 요구한다면 바치겠는가?"

"아니, 그것만은 죽어도 내놓을 수가 없습니다."

"어째서인가?"

"루블은 가지고 있는 것이 없지만 셔츠는 마침 한 벌을 가지고 있기 때문입니다."

자업자득

슈물이 징병검사를 받게 되자 친구인 모세에게 물었다.

"불합격되는 방법이 없을까?"

"이를 몽땅 빼버리는 것이 어때?"

그래서 슈물은 이를 몽땅 뽑았다. 그리고 며칠 뒤 슈물은 모세를 만나 화를 냈다.

"너 때문에 큰 고생을 했어."

"하지만 불합격이 되긴 했겠지?"

"물론 불합격이지. 근데 알고 봤더니 나는 평발이었어."

성전 파괴 후

로마 장군 타이터스가 예루살렘 성전을 파괴하자 슬픔을 이기지 못한 바리새인들이 모여 의논했다.

"이렇게 슬프니 고기와 포도주를 입에 대지 마라."

이때 랍비 여호수아가 물었다.

"왜 그렇게 해야 하지요?"

"성전에 제사용으로 고기와 포도주를 드렸는데 성전이 파괴되었으니 어떻게 하나님께 드리지도 못하면서 먹을 수가 있겠소?"

"그렇다면 빵도 먹지 마시오."

"왜요?"

"하나님께 소제(곡식을 제물로 드리는 제사)로 밀가루, 보릿가루를 드렸는데 지금은 드릴 수 없으니 어떻게 우리가 그런 것으로 만든 빵을 먹을 수 있겠소? 그리고 과일도 먹지 말아야 하오."

"왜요?"

"첫 열매는 하나님께 드려야 하는데 첫 열매도 드릴 수 없으니 어찌 우리가 먼저 먹겠소? 그리고 물도 먹지 말아야 하오."

"왜요?"

"물두멍(큰 물그릇)에 물을 떠 놓을 수 없고, 하나님도 사용하지 못하는데 우리가 어떻게 사용할 수 있겠소?"

바리새인들은 입이 벌어졌다. 이제 그들이 제정신이 든 것을 안 랍비 여호수아가 말했다.

"우리에게 가혹한 운명이 닥쳤소. 그러나 이럴 때일수록 더 많이 먹고 힘내어 열심히 일하는 것이 하나님의 영광을 위한 길이오."

성전이 파괴된 뒤 랍비 여호수아는 어려움이 생길 때마다 민족에게 바른길을 제시했다.

훌륭한 장군

1969년 공산권의 어느 유대인 학교에서 있었던 일이다. 선생님이 물었다.
"훌륭한 장군에 대해 아는 사람이 있으면 말해보세요."
한 학생이 말했다.
"쿠즈조프 장군이오."
"왜?"
"나폴레옹을 모스크바까지 끌어들여 추울 때까지 기다렸다가 공격해서 이겼지요."
"다른 장군 아는 사람 있나요?"
"네, 스탈린 장군이오."
"왜?"

"히틀러를 볼가 강으로 유인해 추워질 때까지 기다렸다가 격파했지요."

"한 사람만 더 말해봐."

"나세르 장군이오."

"왜?"

"이스라엘군을 수에즈 운하까지 유인해 놓고 겨울이 없는 열대에서 지금까지 수십 년을 겨울이 오기를 기다리고 있지요."

다시 유배 가는 이유

유대인인 사무엘 비민슈티히가 수년 동안 시베리아에 유배되어 있다가 겨우 석방되어 고향으로 돌아오자 친구들이 동정하며 그를 위로했다.

"그래 얼마나 고생이 많았나?"

그 말을 듣자 사무엘은 고개를 저었다.

"별로 고생이랄 것도 없었어. 아침은 7시에 깨어서 차와 빵만으로 아침식사를 하는데, 차가 뜨거운 것이어서 괜찮았어. 그 다음엔 자동차로 통조림 공장으로 끌려가 라벨을 붙이는 일을 했지. 12시에는 다시 자동차를 타고 점심을 먹으러 가고 점심시간에는 약간의 낮잠 자는 시간이 있었고, 그 다음의 간식시간에는 빵과 커피가 지급되었지. 그러

고는 카드놀이 따위를 하고 있으면 저녁식사 때가 되고, 물론 메뉴는 대단치 않았지만 사람이 욕심을 부리자면 한이 없는 법이야. 그 후 다음 날 분의 담배 배급을 받고 TV를 보고 있으면 하루가 끝나지. 그리고 10시나 10시 반에는 모두가 잠자리에 들어가 잠을 자고……."

"아니, 그게 정말인가? 아이젠슈타프도 시베리아에 유배당했지만 너와는 전혀 다른 이야기를 하던데."

"물론 그럴 테지. 그래서 그 녀석은 다시 시베리아로 돌아가게 되었지 뭐야."

너무 오래된 병

유대 여자가 기독교인 내과의사의 진찰을 받았다.

"자각증상은 언제부터 나타났는가요?"

"티샤 바브(8월의 단식 날) 무렵부터입니다."

"티샤 바브란 무슨 뜻이죠?"

"지금부터 2천 년 전 예루살렘의 성전이 파괴된 날입니다."

유대 여자가 이렇게 말하자 기독교인 내과의사가 말했다.

"여보세요. 그런 만성병은 나 같은 사람이 치료할 수가 없습니다."

편역자 주 '티샤 바브'란 말은 유대력의 아브(Av)월 9일째(tishah) 되는 날을 일컫는다. 이상하게도 바빌론과 로마에 의해 성전이 파괴된 두 날이 똑같은 아브월 9일이었기에 그날의 고난을 기억하기 위해 지키는 절기다. 더 자세한 것은 《IQ는 아버지 EQ는 어머니 몫이다》(쉐마, 2005) 제3권 제7부 고난의 역사교육 중 4장 I. 1. B. '티샤 바브(Tishah B' Av)' 참조.

마흔 살과 쉰 살

러시아 혁명 후 10년간, 유대인들은 러시아인들에게 핍박받고 있었다. 그러던 어느 날 유대인 한 명이 붙들려 왔다.

"몇 살인가?"

"마흔 살입니다."

"더 먹어 보이는데?"

그는 주민등록증을 보았다.

"자네는 왜 거짓말을 하는가? 자네는 쉰 살이지 않은가? 왜 10년을 줄였지?"

유대인이 말했다.

"지난 10년간 유대인이 산 것도 산 것인가요?"

부고를 기다리는 마음

유대인을 몰살시키려는 히틀러 정권이 들어서고 나서 베를린에 살고 있던 유대인들은 매일 아침 신문 판매대에서 나치 기관지를 사서 첫 장만 훑어보고는 휴지통에 버리곤 했다. 어느 날 그것을 이상하게 여긴 신문팔이가 유대인에게 그 이유를 물었다.

"신문 부고기사를 찾고 있다오."

"부고는 마지막 페이지에 나올 텐데요?"

"내가 찾는 사람은 1면에 나오게 되어 있소!"

> **편역자 주** 유대인은 포학한 히틀러가 죽기만을 손꼽아 가다렸다. 그가 죽으면 신문 맨 뒷면 부고(訃告)란에 나지 않고 전면에 크게 난다는 뜻이다.

희비극

유대인이 나치의 압박을 받고 있을 무렵, 베를린의 한 길모퉁이에서 두 사나이가 이야기를 나누고 있었다.

"그런데 코헨 씨. 두 가지 뉴스가 있습니다. 하나는 좋은 소식이고 또 하나는 나쁜 소식입니다."

"좋은 소식이란 무엇입니까?"

"히틀러가 죽었다는 소식이오."

"그것 참 반가운 소식이오. 그런데 나쁜 소식은?"

"그 소식이 오보(誤報)라는 것이죠."

똑똑한 신문

어느 날 거만한 나치의 돌격부대 장교가 유대인과 함께 기차에 타고 있었다. 장교는 나치의 기관지를 펼쳐 보며 득의양양하게 말했다.

"이 신문은 아주 많은 도움이 되므로 꼭 읽고 있습니다."

그는 이어서 유대계 경제신문을 펼치며 다시 말했다.

"이 신문은 밑을 닦기에 안성맞춤이지."

이 말을 들은 유대인은 손을 비비며 기쁜 듯이 말했다.

"장교님, 그렇다면 당신의 엉덩이가 당신의 머리보다 현명해지겠네요."

나치 지도자의 소원

아돌프 아이히만이라고 하면 나치의 유대인 학살의 책임자로 이스라엘에서 사형선고를 받은 사람이다. 아이히만이 사형되기 전에 마지막 소원으로 유대교로 개종하고 싶다고 말했다. 그 이유를 묻자 아이히만은 무거운 입을 열어 말했다.

"그러면 유대인 한 명을 더 죽인 결과가 되기 때문입니다."

낙서

1946년 제2차 세계대전이 끝난 지 얼마 후, 독일 정부는 유대인 학살을 도왔던 인종혐오 범죄자들을 잡아들이기 시작했다. 퀼른 시 감옥에 잡혀 온 2명의 죄수가 이야기를 나누고 있었다.

"자네는 무엇을 하다 들어왔지?"

"유대인 회당 벽에 '유대 놈들 꺼져라'라고 낙서를 했지."

"그런데 자네는 어떻게 들어왔나?"

"나는 '유대인 대환영!'이라고 썼을 뿐이야. 그런데 그곳이 가스실 벽이었어."

> 편역자 주 가스실은 유대인을 집단적으로 죽인 악명 높은 살인 장소였다.

개새끼

유럽의 유대인 부호인 로스차일드 남작의 애견이 자동차에 치여 죽었다. 그런데 애견가인 남작에게 그 비보를 알릴 사람이 아무도 없었다. 마침 그때에 한 외판원이 자신이 맡겠다고 나섰다. 그러고는 많은 팁을 받아서 돌아왔다. 이상하게 여긴 사람들에게 그 외판원은 어린애처럼 자랑스럽게 말하는 것이었다.

"그 집에 가서 '하이, 히틀러 그 개새끼가 죽었답니다!'라고 말했을 뿐이죠."

역사의 진실

1933년 베를린에서 있었던 일. 이집트의 어떤 외교관이 유대인을 닮은 탓에 나치 폭도들의 습격을 당했다. 겨우 신분을 밝히자 경관이 끼어들어 폭도들을 진정시키고 안되었다는 듯이 말했다.

"여하튼 유대인이란 녀석들은 모두 때려 죽여야 합니다."

그러나 이집트 외교관은 체념한 듯한 얼굴로 대답했다.

"그래 봐야 아무 소용없는 일입니다. 우리는 이미 5천년 전에 시도해본 적이 있으니까요."

불평

제2차 세계대전 후 독일군에게 점령당한 유고슬라비아에서 이스라엘로 이주해 온 유대인에게 먼저 이스라엘에 와서 살고 있던 유대인이 유고슬라비아 소식을 물었더니 이렇게 말했다. .

"전혀 불평도 할 수 없었습니다."

"그럼 무엇하러 이 이스라엘 구석까지 찾아왔습니까?"

"내가 말하지 않았소. 그곳에서는 불평을 할 수 없었다고. 여기선 불평을 할 수가 있어서 다행입니다."

상대성이론

코헨이 모세에게 물었다.

"아인슈타인이 일본에서까지 초대받았다고 하는데, 무엇 때문에 그렇게 유명해졌지? 도대체 상대성이론이라는 것이 뭐야?"

"아주 간단한 이론이야. 요컨대, 하나의 사상이 관련성 여하로 다른 뜻을 가지게 된다는 것이지. 쉬운 예를 들어볼까. 예를 들어, 자네가 파자마를 입은 채 뜨거운 난로 앞에 앉았다면 1분이 한 시간쯤으로 느껴지겠지. 하지만 파자마를 입은 젊은 여성이 자네 무릎 위에 앉아 있다면 한 시간이 1분 정도로 빠르게 느껴진다는 것이지."

코헨은 집에 돌아가 아내에게 설명했다.

"상대성이론에 의하면 당신의 머리에 머리카락이 한 가닥만 남아 있다면 그건 너무 적은 것이지만 당신이 만든 수프 속에 머리카락 하나가 들어가 있으면 '이건 너무했어'라는 것이 된다고."

그런데 아인슈타인 자신은 다음과 같이 설명하고 있다.

"만일 나의 이론이 옳다고 인정되면 독일인들은 나를 독일인이라 할 것이고, 프랑스인들은 나를 코스모폴리턴(세계주의자)이라고 할 것이다. 그러나 나의 이론이 이 세상에서 인정받지 못한다면 프랑스인들은 나를 독일인이라고 할 것이고, 독일인들은 나를 유대인이라고 할 것이다."

영토

이스라엘의 나하리야라는 도시에는 독일계 유대인이 많이 살고 있다. 이스라엘이 건국할 때에, 이곳이 아랍 영토로 편입될지도 모른다는 문제가 생겼다. 회의석상에서 독일계 나하리야 시장은 책상을 두드리며 분연히 말했다.

"어느 쪽의 영토가 되든 나하리야는 독일이다!"

만일의 경우

이스라엘의 수도 예루살렘에서 각료 회의가 열려 재무장관이 이스라엘의 국제수지에 큰 적자가 나고 있다고 설명하고 있었다. 그때 갑자기 상무장관이 발언권을 요청했다.

"미국에 선전포고를 하는 게 어떨까요? 포함 한 척을 뉴욕으로 출동시켜서 뉴욕을 포격해보는 것입니다."

그 말을 들은 국방장관이 깜짝 놀란 표정으로 말했다.

"그런 일을 하면, 즉각 미국의 제6함대가 우리 해안에 파견되고, 우리나라가 패할 것이 눈에 선합니다."

"바로 그 점을 노리는 겁니다. 패전하면 독일처럼 마셜 플랜과 같은 대대적인 경제 원조를 받을 수 있고, 경제 부

흥이 뜻대로 이루어질 것이 아닙니까?"

그러자 이번에는 국방장관이 당황한 얼굴로 말했다.

"이야기의 뜻은 잘 알겠습니다만, 만일의 경우 우리나라가 승리한다면 어떻게 한단 말입니까?"

편역자 주 미국은 전쟁에서 이길 경우 인도주의적인 입장에서 패전국의 재기를 도와주었다. 그래서 제2차 세계대전의 패전국이었던 독일과 일본이 미국의 도움을 받아 짧은 기간에 재기에 성공했다.

가정(假定)

이스라엘 육군의 신병이 훈련을 받고 있었다.

레비 이등병이 적군을 발견하자 총알이 장전되지 않은 총을 겨냥하고, 따따따……하고 총소리 흉내를 내자 적병은 허둥지둥 도망쳐버렸다.

레비 이등병은 화를 내면서 소리쳤다.

"총을 맞았으니 쓰러져야지."

"무슨 말을 하는 거야? 나는 탱크야."

적병의 대답이었다.

예의

이스라엘 텔아비브의 징병검사장에서 팬티바람의 코헨이 군의관 앞에 섰다. 군의관은 호령을 붙였다.

"우향우!"

"두 손이 땅에 닿을 때까지 상반신을 굽혀!"

"좋아, 합격!"

코헨은 불만스러운 듯이 말했다.

"정면을 향해서, 합격!이란 말씀을 해주시면 좋지 않습니까? 엉덩이를 향해 합격이라뇨……."

낙천가

모세와 양케르가 이스라엘군의 낙하산부대에 배속되었다. 최초의 낙하 훈련 때에, 그들의 상관이 설명했다.

"매우 간단해. 먼저 비행기에서 뛰어내리면 20까지 세는 거야. 그런 다음에 오른쪽 고리에 달려 있는 버튼을 누른다. 그러면 낙하산이 펼쳐진다. 그러나 10만 번에 한 번쯤은 펼쳐지지 않을 때도 있다. 그때에는 다시 20까지 센 다음에 왼쪽에 있는 버튼을 누른다. 그러면 반드시 펴질 것이다. 지상에 내리면 지프가 대기하고 있을 테니 그것을 타고 막사로 귀대하면 된다."

실습할 차례가 와서 모세와 양케르가 뛰어내렸다. 둘 다

20까지 센 뒤에 오른쪽 버튼을 눌렀지만 낙하산이 펼쳐지지 않았다. 상관이 가르쳐준 대로 다시 한 번 20까지 세고 왼쪽 버튼을 눌러보아도 마찬가지로 펼쳐지지 않았다.

두 사람이 함께 그냥 떨어지면서 모세가 양케르에게 투덜대며 말했다.

"전형적인 유대식 체제군. 이런 식이면 밑에서 대기하고 있다는 지프가 있는지 없는지도 의심스러워."

그러자 자신이 곧 땅에 떨어져 죽는 것도 모르고 양케르가 말했다.

"아무려면 어때. 어차피 연습인걸 뭐."

상부상조

발프가 적의 경기관총을 포획한 공으로 40일간의 휴가를 받아 고향해 내려갔더니 모두가 그의 무용을 칭찬했다. 칭찬을 들은 발프는 멋쩍은 듯이 말했다.

"뭐 대단한 일은 아닙니다. 가끔 휴가를 얻고 싶으면 아랍 병사와 만나서 기관총을 교환합니다."

도리(道理)

1967년 5월, 이스라일과 중동 사이에 '6일 전쟁'일 일어나자 징병되어 나간 브라운이 말했다.

"아무래도 아랍인들은 우리를 본래 있던 나라로 내쫓기까지는 전쟁을 그만두지 않겠다고 하는 모양이야."

그린은 고개를 끄덕이며 말했다.

"그러면 할 수 없이 온 세계 나라들이 이스라엘을 원조해주겠군."

> 편역자 주 '6일 전쟁'은 1967년 아랍 연합국들(약 5억 인구)이 이스라엘(약 300만 명의 인구)을 침략했으나 6일 만에 패한 중동전쟁을 말한다. 자세한 것은 편역자의 저서 《IQ는 아버지 EQ는 어머니 못이다》 제3권 제7부 제4장 III. 2. B. '6일 전쟁 승리의 비결: 유대인의 애국심' 참조.

지속력

1967년 '6일 전쟁'이 발발했을 때에 텔아비브에서 한 부인이 말했다.

"이 전쟁은 길어야 한 달 이상은 걸리지 않을 겁니다."

"어떻게 그걸 알 수 있죠?"

"그건 우리 아들이 소집되어 갔는데 그 녀석은 같은 일을 한 달 이상 해본 적이 없기 때문이죠."

일대일

상관이 명령했다.

"병사들이여, 적군은 우리 군사와 똑같은 병력이다. 알았는가! 한 사람이 한 사람씩 죽일 각오로 싸워라!"

그러자 한 병사가 용감하게 가슴을 펴 보이며 말했다.

"저는 두 사람을 맡겠습니다."

옆에 있던 병사가 이 말을 받아 말했다.

"그럼 저는 돌아가게 해주십시오."

무명용사

텔아비브의 무명용사 묘비에는 다음과 같이 쓰여 있다.

"이 땅에 무명용사 다비드 루비체크(가축사료 소매상인) 잠들다."

외국에서 온 외교관이 이것을 이상하게 생각하고 이스라엘 관리에게 그 이유를 묻자 관리가 대답했다.

"이 사나이는 장사꾼으로서는 매우 유명했지만 병사로서는 별로 알려지지 않았답니다."

가격

요르단 전선의 참호 속에서 모세가 이스라엘 병사들에게 물을 팔고 있었다. 물 항아리 두 개를 메고 이렇게 소리치며 다녔다.

"한 잔에 20프로토트요!"

적의 총알이 항아리 하나에 명중했다. 모세는 재빨리 소리쳤다.

"한 잔에 40프로토트!"

상혼(商魂)

요르단 전선에서 요이네가 병사들에게 물건을 팔며 다녔다.
"네, 구두끈, 단추, 머리빗 등 무엇이든지 싸게 팝니다."
그런데 별안간 적의 포탄이 아군의 진지에서 터졌다. 요이네는 벌떡 일어나 한층 더 소리 높여 외쳤다.
"에에, 빨간약(머큐로크롬), 반창고, 붕대가 필요한 사람 없습니까?"

낙관

아랍과의 전투에서 척후부대에 배속된 이티크 이등병이 나무 뒤에 숨어 적의 포열을 정찰하고 있는데, 적의 관측병이 거리를 측정하고 있었다.

"1000, 1100, 1200……."

이티크 이등병은 뛰어 돌아와서 보고했다.

"만세! 전쟁은 끝났습니다. 적군은 대포를 경매에 부치고 있습니다."

제7장
성과 유머
Talmud

중노동

동유럽에 사는 유대인은 대개 그 지방에 사는 비유대인 농민만큼 가난하지만 그들은 장사를 하거나 가벼운 노동을 하며, 비유대인처럼 중노동은 하지 않고 살고 있다. 탈무드 학교에서 학생들이 문답을 하고 있었다.

"이봐, 양케, 아이를 만드는 일도 일이라고 할 수 있을까? 아니면 즐기는 것일까?"

"그야 즐기는 것이라고 할 수 있지. 만일 그렇지 않다면 우리 유대인은 그 일을 시키기 위해 비유대인들을 고용해야 할 것일세."

계산

한 남자가 랍비에게 뛰어와서 물었다.
"랍비님! 제 아내가 결혼한 지 3개월 만에 아이를 낳았습니다. 9개월 만에 낳아야 정상 아닙니까? 해석해주세요."
가정을 파괴하고 싶지 않았던 랍비가 말했다.
"자네는 아내와 몇 달을 같이 살았나?"
"3개월입니다."
"자네 아내는?"
"3개월입니다."
"자네 아기는?"
"3개월입니다."
"그럼 합해서 9개월이지 않나."

아내의 전 남편

어떤 유대인이 묘지 앞에서 슬피 울고 있었다.

"아! 살기가 괴롭소. 당신은 왜 일찍 죽어서 나를 이렇게 괴롭히는 게요?"

그가 이렇게 탄식하자 묘지를 참배하러 온 다른 사람이 물었다.

"누구의 묘지입니까?"

그가 탄식하면서 대답했다.

"내 아내의 전 남편입니다."

하와

두 랍비가 논쟁하고 있었다. 문제는 이런 것이었다.

"하나님은 왜 자고 있는 아담의 갈비뼈를 훔쳐서 여자를 만들었을까?"

한 랍비가 말했다.

"이유는 간단하지. 훔쳐서 만든 것은 별 볼일 없다는 것을 우리에게 알려주시려고 그런 거야."

간통의 변명

어떤 유대인이 다른 유부녀와 간통하는 현장을 들켜서 랍비에게 소환을 당했다. 사나이는 간통한 사실을 인정하긴 했지만 양심의 가책은 받지 않는다고 주장했다.

"이 뻔뻔스러운 놈 같으니라고!"

"랍비님, 제 이야기도 들어주십시오. 이유도 듣지 않고 사람을 멋대로 판단해서는 안 된다고 성경에도 쓰여 있습니다."

그 말도 옳아 랍비는 사나이가 하는 말을 들어보기로 했다.

"랍비님, 제 아내와 그런 짓을 하면 어찌 됩니까?"

"바보 같은 소릴 하는군. 아내와 하는 것은 당연한 일이지."

"그렇다면 랍비님, 저를 붙잡은 남자가 나와 가슴을 맞대고 있던 자기 아내와 무슨 짓을 하면 어떻게 됩니까?"

"조금 전에 말한 대로 당연한 일이지."

"그렇다면 그 녀석과 나의 아내가 그 짓을 하면 어떻게 됩니까?"

"바보 같은 소리는 하는 게 아니야. 자네, 혹시 머리라도 돈 것이 아닌가?"

"그렇다면 랍비님도 잘 아시리라 믿습니다. 제가 그 녀석이 해서는 안 되는 여자와 그 짓을 해도 괜찮다면, 그 녀석이 해도 좋은 여자와 해서 나쁠 것이 없지 않습니까?"

선물

배가 난파하여 아름다운 여성이 대양을 표류하다 외딴 섬에 당도했다. 그런데 그 섬에는 몇 년 전부터 똑같은 운명의 장난으로 유대인 사나이가 혼자서 당도해 살고 있었다. 여자가 슬퍼하고 탄식하는 것을 본 유대인 남자가 여자를 위로하며 말했다.

"이봐요, 아가씨. 이 섬은 공기나 물도 깨끗할 뿐 아니라 조용하고 수평선까지 바다가 보입니다. 기후도 좋고 싱싱한 과일도 풍족합니다. 게다가 나 같은 말동무도 있습니다. 그러니 전혀 살 수 없는 곳은 아닐 것입니다."

그 여자는 생각을 고친 듯이 장난기 어린 미소를 지으며 고개를 들었다.

"그러면 저는 몇 년 동안 당신이 원하던 것을 선물로 가져온 셈이군요."

그 말을 들은 사나이는 갑자기 생기가 돌며 말했다.

"네, 뭐라고요? 맛짜(빵)를 가지고 왔군요!" 편역자 주 '맛짜'는 유대인이 유월절에 자유를 잃었던 이집트에서의 고난을 기억하기 위해 먹는 떡(빵)이다.

동시에 일어난 일

80세나 되는 노인이 젊은 아내를 얻었는데 놀랍게도 그 아내가 임신을 하게 되었다. 스스로도 이상하게 여긴 그 노인은 랍비를 찾아가 그 까닭을 물었다. 그러자 랍비가 대답했다.

"어떤 사나이가 파라솔을 들고 아프리카의 들판을 산책하고 있었습니다. 그러다 별안간 사자 한 마리가 습격해 왔지요. 사나이가 겁도 내지 않고 파라솔을 쥐고 사자를 겨냥하여 꽝! 소리를 내며 쏘았더니 사자는 퍽 하고 고꾸라지지 않았겠습니까. 하지만 조금도 이상하게 여길 필요가 없습니다. 그 사람 뒤에 진짜 총잡이가 있어서 동시에 발포했을 뿐이니까요."

자연의 욕구

어떤 아버지가 랍비에게 하소연했다.

"제 못된 자식 놈은 돼지고기를 보면 걸신들린 듯이 먹고, 기독교도 여자에게 키스를 해서 저와는 말도 안 하고 지냅니다."

랍비가 그 방탕한 아들을 불렀더니, 그 젊은이는 변명조로 말했다.

"랍비님, 저는 타고 나면서부터 머리가 이상한 것 같습니다."

"바보 같은 소리 작작하라고. 만일 자네가 돼지고기에 키스하고 기독교도의 딸들을 먹는다면 그것은 이상하지만, 자네가 하고 있는 일은 당연한 일이야."

신혼 남자와 병역

어떤 사나이가 랍비를 찾아와 물었다.

"랍비님, 성경에는 신혼인 신랑을 병역에 복무시켜서는 안 된다고 되어 있는데 어째서일까요?"

"그 불쌍한 녀석은 자기 집에서도 전쟁을 치러야 하기 때문이지."

진짜 죄

어떤 제자가 스승이 없는 동안 선생 흉내를 내며 설교하는 것을 낙으로 삼고 있었다. 어느 날 젊은 남자가 진짜 스승을 찾아와 이렇게 물었다.

"지난번에 제자께서 스승님을 대신하여 3일 동안 짚을 씹으며 죄를 속죄하면 된다고 해서 그대로 했습니다만, 이젠 죄가 없어졌을까요?"

스승은 깜짝 놀라 제자에게 물어보았다. 제자는 고개를 숙이고 대답했다.

"스승님, 스승께서 외출하시고 안 계실 때 잠시 스승님 대신 제가 설교를 했습니다. 그런데 저 남자가 밤중에 방을 잘못 알고 예쁜 처녀가 있는 방으로 뛰어든 모양입니다. 깜짝 놀라 뛰어나오긴 했지만, 속죄해야만 한다고 하기에 그렇다면 3일 동안 짚을 씹으라고 했던 것입니다. 예쁜 여자가 자고 있는 것을 보고 도망치다니 보나마나 바보가 아니겠습니까?"

성욕과 식욕

학문 수업을 위해 여행 중인 유대 수사가 하룻밤 신세를 지려고 밤늦게 마을 랍비의 집 문을 두드렸다. 랍비는 그를 기꺼이 맞아들였다.

"보시다시피 제 집은 초라한데다가 신혼 초이긴 합니다만, 하나님이 가르치신 대로 도움을 구하는 자를 물리칠 수는 없는 일이므로 어서 들어오십시오. 내일을 위해 먹을 것도 조금 남겨 두었으니까, 반은 잡수셔도 됩니다. 그리고 오늘 밤 저는 제 아내와 같은 침대를 쓸 테니, 당신은 제 침대를 쓰도록 하십시오."

세 사람이 잠자리에 들자마자 마을사람이 문을 두드려 급한 환자가 생겼으니 랍비에게 빨리 와달라고 했다. 젊은 수사는 랍비의 젊은 아내와 단둘이 남겨지자 묘한 기분에 빠지게 되었다. 어느 쪽도 잠을 이루지 못하고 몸을 뒤척이고 있던 중 수사가 갑자기 벌떡 일어나 랍비의 젊은 아내에게 물었다.

"저, 지금 괜찮겠습니까?"

젊은 아내는 작은 소리로 부끄러운 듯이 대답했다.

"네, 원하시면요. 하지만 주인이 돌아오니까 서둘러주세요."

수사는 재빨리 부엌으로 달려가 음식을 허겁지겁 먹기 시작했다.

산적과 할머니

코사크인 산적이 습격해 온다는 소문이 나돌자, 유대인 마을 사람들은 젊은 처녀들을 움막 속에 숨겨 놓았다. 처녀들이 부들부들 떨면서 주위를 살펴보니 나이 많은 노파 한 사람이 끼어 있지 않은가. 한 처녀가 말했다.

"할머니, 할머니는 숨지 않으셔도 되지 않을까요?"

그러자 노파는 발칵 화를 내며 대답했다.

"산적 놈들이 나이를 가릴 것 같아?"

어려운 선택

어머니가 딸 걱정을 하고 있었다. 회사의 회계 담당 직원이 공금을 횡령하여 딸과 함께 줄행랑을 놓았기 때문이었다. 그런데 그 직원으로부터 후회한다는 연락이 왔다. 어머니가 물었다.

"돈이라도 회사로 돌려보냈나?"

"아니, 아직 돈은 돌려보내지 않았지만 따님은 먼저 돌려보냈어요."

어머니의 수(數)

유대교 회당의 어린 랍비에게는 죽은 사람의 기일을 기록해두었다가, 기일이 가까워지면 근친자에게 알려서 팁을 받는 과외 수입이 있었다. 하루는 어떤 벼락부자에게 부친의 기일을 알려주었더니 의외로 많은 팁이 돌아왔다. 어린 랍비는 그 부자가 돈을 버느라 바쁠 뿐 아니라, 배운 것도 없어서 얼마 후에 다시 한 번 부친의 가짜 기일을 가르쳐주어도 많은 팁을 줄 것이라 생각했다.

어린 랍비가 몇 달 뒤 벼락부자를 찾아가 부친의 기일이라고 알려주자 부자는 어린 랍비에게 전과 마찬가지로 많은 팁을 주었다. 욕심이 생긴 어린 랍비는 그의 어머니의 기일도 두 번 우려먹으려고 했다. 두 번째 알림을 받은 벼락부자는 불같이 화를 내며 말했다.
"이 사기꾼아, 아버지는 몇 분이 있을 수 있어도, 어머니는 한 분밖에 없는 법이야!"

기술의 차이

제1차 세계대전 당시, 독일군이 우크라이나로 진격했는데 그들의 현대적인 장비와 전쟁 기술은 실로 놀라웠다. 어느 날 어떤 유대인이 랍비를 찾아와 딸이 독일 병사에게 겁탈당해 아이를 가졌다고 호소했다. 그런데 독일군이 진주한 지 두 달도 지나지 않았는데 아이가 태어났다. 랍비에게 오히려 야단을 맞은 유대인 여자는 이렇게 대답했다.

"하지만 랍비님, 독일 병사의 기술은 놀랄 만하므로 불가능한 일도 아닙니다."

조수

차 안에서 아름다운 여교사가 승객의 질문을 받았다.

"아이가 몇 명이나 있습니까?"

교사는 학생 수를 묻는 줄 착각하여,

"37명 있습니다."라고 대답했다.

같은 차에 타고 있던 사람들은 이 말을 듣곤 믿을 수 없다는 얼굴을 하고 크게 웃었다. 그러자 그 여교사는 그렇게 많은 학생을 가르칠 수 없을 것이라고 자신을 깔보는 줄 알고, 이렇게 말했다.

"너무 깔보지 마세요. 물론 몇 명의 조교사를 채용하고 있어요."

왕복 여행

유대인 남녀가 기차 안에서 알게 되었다. 두 사람 다 모스크바로 가는 길이었는데 긴 여정이었으므로 도중에서 기차를 내려 시골 여관에 묵어야 했다. 밤중에 넘어서는 안 될 선까지 넘어버린 두 사람은 아침이 되자 후회했다. 남자가 먼저 입을 열었다.

"곧 랍비한테 가서 참회하고 올 테니 걱정하지 않아도 됩니다."

돌아온 남자가 보고했다.

"속죄하는 뜻으로 예배당에 양초 1킬로그램을 기부하라는군요."

"그래서 그렇게 했어요?"

"그럼요. 2킬로그램을 기부하고 왔죠."

"그건 너무 과용하신 것 아니에요?"

"천만의 말씀을. 어차피 돌아올 때에도 함께 머물 테니까요."

진짜 아버지

아들의 할례식에 사촌인 요셉을 초청한 아버지가 자랑스럽게 물었다.
"어때, 요셉. 내 아들 놈이 누굴 닮았지?"
요셉은 당황한 얼굴로 대답했다.
"그런 말씀 마세요. 나는 이곳에 온 지 반시간밖에 안 됩니다."

내 아들

임종 직전 아내가 남편에게 말했다.

"여보, 그냥 이대로 죽을 수는 없어요. 죄송한 얘기지만 이삭은 당신의 아이가 아니에요."

"뭐라고? 그럼 누구의 아이란 말이오?"

"우리집 하인 힐슈페르트의 아들이에요."

"이봐, 농담도 쉬어가면서 하라고. 힐슈페르트 같은 훌륭한 청년이 자네 같은 메줏덩어리와……."

"그래서 2천 프랑(프랑스 화폐단위)을 그에게 주었어요."

"하지만 그 많은 돈을 어떻게 마련했지?"

"당신의 금고에서 슬쩍했어요."

"흠, 그래. 그렇다면 역시 이삭은 내 아들이군."

바람기

어느 유부녀가 코헨 씨에게 물었다.
"안녕하십니까? 코헨 씨. 어떻게 지내십니까?"
"오오, 덕분에 한 달에 한두 번은 잘해 나가고 있습니다."
"아니, 코헨 씨. 나는 그런 뜻으로 물은 것은 아닙니다. 댁이 어떠하시느냐고 물은 것입니다."
"댁이라고요? 집에서는 잘되지 않고 있죠."

여행 비용

"자주 파리에 출장을 가시는데, 경비가 많이 들겠죠?"

"물론이죠. 아내를 데리고 가면 1천 프랑이 들고, 혼자서 가면 4천 프랑이 드니까요."

자기 몫

조베르가 아내 자랑을 하자 그 말을 듣고 있던 아브라함이 못마땅한 얼굴로 말했다.

"조베르 씨, 당신의 아내가 4명의 남자와 바람을 피운 사실을 알고 있습니까?"

"그건 조금도 상관하지 않습니다. 나쁜 물건을 100퍼센트 차지하는 것보다는 20퍼센트라도 좋으니 좋은 물건의 자기 몫을 갖는 편이 나으니까요."

쇼크

아름다운 여자 사라의 집에서 한 남자가 죽어 있는 것이 발견되었다. 경찰 조사를 받은 사라는 이렇게 대답했다.

"4일 전에 저 사람이 처음 찾아와 50달러를 낼 테니 머리를 쓰다듬어 달라고 부탁하더군요. 좋다고 했더니 다음 날에 또 찾아와 100달러를 낼 테니 나의 금발을 조금만 달라고 하더군요. 물론 오케이 했죠. 그런데 어저께 또 찾아와서는 나를 도저히 잊을 수가 없어서 제발 부탁하니 500달러를 받고 함께 자자고 하더군요. 너무나 가엾은 생각이 들어서 함께 자주겠지만 값은 30달러만 받겠다고 말했더니, 깜짝 놀라 쓰러지더군요."

형광등

　　　　　　　어떤 남자가 예정보다 출장에서 일찍 돌아와 자기 집 문을 두드렸지만, 집에 있어야 할 아내가 좀처럼 나타나지 않았다. 한참 만에 아내는 문을 열고 남편을 안으로 들어오게 했다. 남편이 손을 씻기 위해 욕실에 가려고 하자, 아내가 당황하며 말했다.

"새 타월은 부엌에 있어요."

"내 집 욕실을 쓰는 것은 내 마음이야."

하며 남편이 아내의 만류를 뿌리치고 욕실 문을 열자, 처음 보는 젊은 남자가 욕실에 웅크리고 있지 않은가. 그런데 그 청년은 조금도 당황해하지 않고 침착하게 말했다.

"정말 죄송합니다. 실은 2층에 사는 부인과 친하게 지내는 사람입니다만 오늘은 뜻밖에도 주인이 일찍 돌아왔으므로 2층 창문을 통해 댁의 욕실 창으로 도망쳐 들어왔습니다. 죄송합니다만 남자끼리의 정으로 댁 현관으로 나가게 해주십시오."

출장 갔다 돌아온 남편은 그의 말을 믿고 씽긋 웃고는 그 사나이를 현관으로 내보내주었다. 이윽고 밤이 되어 잠자리에 들자 아내는 코를 골면서 곤히 잠이 들었다. 잠이 오지 않아 이 생각 저 생각을 하던 남편이 갑자기 벌떡 일어나 아내의 머리를 주먹으로 쥐어박았다. 아내는 깜짝 놀라 눈을 떴다.

"당신, 머리가 이상해진 것 아니에요?"

"이 바람둥이 여편네야! 이제 와서 생각이 났는데, 우리 집은 단층집이잖아."

마감

　　　　　　　한밤중에 침대 안에서의 부부의 대화.
남편 여보, 내가 가지고 있는 주식이 크게 올랐어.
아내 오늘 증권거래소는 이미 문을 닫았어요.
남편 내 주식은 단단한데.
아내 거래소 문이 닫혔다니까요.
잠시 후.
아내 할 수 없으니 열어드리겠어요.
남편 기차는 떠났어. 벌써 나와버렸어.

표적

코헨이 돈 많고 나이 든 미망인과 결혼하게 되어 친구들에게 피로연을 베풀었다. 그는 작은 소리로 속삭였다.

"내 아내는 자본금이야. 저기 저렇게 다 큰 딸이 둘씩이나 있어. 이를테면 이자인 셈이지. 나는 자본금은 그대로 놓아 두고 이자로 생활해 나갈 참이야."

목적

낯선 도시에 온 유대인이 지나가는 사람에게 물었다.
 "죄송합니다만 랍비님이 살고 있는 곳이 어딥니까?"
 "요 앞을 오른쪽으로 돌아간 곳에 살고 있을 겁니다."
 "농담이시겠죠. 저곳은 홍등가가 아닙니까?"
 "아닙니다. 홍등가는 왼쪽으로 돌아가야 있습니다."
 "감사합니다."
 유대인은 고맙다는 인사를 하고 왼쪽으로 돌아갔다.

충고

선생님이 여학생에게 질문했다.

"인간의 기관 중에서 흥분하면 여덟 배로 팽창하는 부분은 무엇이지?"

그러자 여학생은 얼굴을 붉히고 대답하려고 하지 않았다. 선생님은 계속해서 말했다.

"네가 생각하는 답이 무엇인지 알고 있지만 그건 틀렸어. 정답은 동공이야. 말이 나왔으니 말이지만 결혼할 때 너무 기대하지 않는 게 좋겠다."

공중화장실

딸을 데리고 병원에 온 어머니에게 의사가 말했다.
"안된 일이지만 따님은 임질입니다."
어머니는 어안이 벙벙해 있다가 겨우 입을 열었다.
"만일 그게 사실이라면 공중화장실에서 감염된 것이 틀림없습니다."
의사는 태연하게 말했다.
"그럴 수도 있지요. 얼마나 급했으면 그랬을까요."

면접시험

뉴욕의 한 유대인 회사에서 여비서가 회사를 그만두게 되어 후임자를 구하느라 〈뉴욕타임스〉에 구인광고를 냈더니 3명의 여성이 응모했다. 코헨이 차례로 면접을 하자 동료들이 후보자들에 대해 물었다.

"3명 다 굉장한 처녀들이더군. 첫 번째 여자에게 물었지. 1 더하기 1은 얼마냐고 말이야. 그랬더니 11이라고 대답하지 않겠어. 얼마나 센스 있는 답인가. 이런 여자는 여차할 때에 임기응변으로 일을 처리할 수 있을 거야. 다음 여자에게도 똑같은 질문을 했더니 생각할 여유를 달라고 하더군. 이런 여자는 매우 주의성이 깊어서 어떤 일도 소홀히 하지 않고 차분하게 할 수 있는 소질이 있다는 증거지.

이런 여자야말로 신뢰할 수 있을 거야. 세 번째 여자에게도 똑같은 질문을 했지. 그녀는 금방 둘이라고 대답하더군. 얼마나 정확하고 솔직 담백한가. 이런 여자와 일한다면 얼마나 시원시원하겠나."

"그건 그래. 그런데 어떤 여자를 채용했지?"

"좋은 질문이야. 그건 물론 가장 가슴이 팽팽한 여자지 누구겠나."

신학적 상대성이론

처녀가 랍비를 방문하면, 랍비는 랍비고, 처녀는 처녀다. 그런데 랍비가 처녀를 방문하면, 랍비는 이미 랍비일 수 없으며, 처녀는 처녀일 수 없게 된다.

진통제

손님의 방을 준비하고 있던 안주인이 치통 때문에 얼굴을 찡그리자 이를 본 손님이 "아픔을 멎게 하는 비방을 알고 있습니다. 부인!" 하며 재빨리 그녀에게 키스했다. 부인은 깜짝 놀라 도망쳤는데 얼마 후, 주인인 남편과 함께 손님방으로 돌아왔다. 그때 주인이 손님을 향해 정중하게 말했다.

"손님께서 아픔을 멎게 하는 좋은 비방을 알고 계신다고 들었습니다. 저의 아픔도 멎게 해주십시오. 실은 신경통으로 미골이 쑤셔서 견딜 수 없습니다."

공짜 데이트

파피아클라겐은 동료 사원인 비아로스토츠키의 아름다운 아내에게 홀딱 반해서 있는 말 없는 말 다해가며 접근했지만 지조가 굳은 그녀는 좀처럼 상대해주지 않았다. 그래서 마지막 수단으로 1천 마르크를 그녀에게 증정하기로 약속했다. 부인도 피를 속일 수 없는 유대인이어서 이번에는 싫다는 말을 못하고 파피아클라겐에게 몸을 허락하기로 했다.

"내일 주인이 출장을 떠나니까, 그때 와주세요."

이튿날 사무실에서 파피아클라겐은 출장을 떠나려는 비아로스토츠키를 붙잡고 부탁했다.

"단 두세 시간이면 족해. 1천 마르크만 빌려 주지 않겠

나. 점심때까진 부인에게 갖다 줄 테니."

비아로스토츠키가 늦게 돌아와 걱정스러운 얼굴로 부인에게 물었다.

"오늘 파피아클라겐이 왔었지?"

부인은 가슴을 두근대며 대답했다.

"네에."

"1천 마르크를 가지고 왔지?"

부인은 창백한 얼굴로 힘없이 대답했다.

"네에."

그러자 비아로스토츠키는 만족스런 듯이 말했다.

"그래? 오늘 굳게 약속했었는데 역시 약속을 지켰군. 그 녀석은 정말 신용할 수 있는 녀석이야."

선수

라자르시타인과 마그누스가 함께 여자와 관계를 했는데 이 여자가 쌍둥이를 낳았다. 두 아이가 누구의 아이인지 분명치가 않아서 할 수 없이 두 사람이 양육비를 지불하기로 했다. 그러던 어느 날 쌍둥이 가운데 하나가 갑자기 죽고 말았다. 라자르시타인은 슬피 울면서 마그누스에게 말했다.

"가엾게도 내 아이가 죽다니!"

진짜 이유

"그린 군, 오늘 밤 파리 오페라 코믹의 특별공연이 있는데 마침 표가 두 장 있어. 함께 가지 않겠나?"

"오늘 밤이라고? 오늘 밤은 공교롭게도 샤피로가 공연을 해. 그러니까 오페라 코믹은 유감스럽지만 사양하겠어."

그로부터 이틀 후.

"그린 군, 오늘 밤은 밀라노 스칼라 오페라 극장에서 객연(客演)을 해. 어때, 같이 가 보지 않겠어?"

"안 돼. 오늘 밤은 샤피로가 또 출연하기로 되어 있으니 안 되겠어."

몇 주일 후.

"그린 군, 오늘 밤만은 놓치지 않겠어. 뉴욕 메트로폴리탄이 와 있는데다가 합창대원 중 예쁜 아이 둘과 데이트하기로 했어."

"그것 참, 좋은 기회로군, 하지만 샤피로의 출연을 놓칠 수는 없어. 유감스럽지만 안 되겠어."

그린더러 같이 가자고 한 친구는 마침내 화가 난 듯이 말했다.

"자네가 말하는 샤피로란 녀석은 도대체 누구야? 오페라 코믹도 스칼라 극장도 메트로폴리탄도 무시할 정도라면 굉장한 배우인 모양인데 들어본 적이 없다고."

"솔직히 말해서 나도 그 녀석이 누구이며 어디에 출연하고 있는지 몰라. 다만 샤피로라는 녀석이 출연하는 날 밤에는 그 녀석의 부인이 혼자 집에 있다는 사실만 알고 있을 뿐이야."

신혼

젊고 얌전한 신학생이 양친의 권유로 약혼했는데 조금도 기뻐 보이지 않았다.

"그런데 말이야. 결혼하라고 하지만 어떻게 하는 건지 알 수가 있어야지. 덕분에 잠을 못 자고 있어."

"이봐, 저 건너편 지붕 위를 봐. 비둘기 두 마리가 사랑하고 있지 않은가. 이쪽 지붕 위에선 고양이 두 마리가 사랑을 나누고 있지. 별로 어려운 일이 아니야."

두 달 후에 무사히 결혼한 젊은 신학생에게 친구들이 축하인사를 하자, 그는 우울한 얼굴로 대답했다.

"별로 축하할 만한 것도 없어. 그만 아내가 지붕 위에서 떨어져버렸지 뭐야."

황새의 선물

"아빠, 나는 어떻게 해서 생겨났지?"
"황새가 데려다 주었단다."
"그럼 아빠는?"
"아빠도 황새가 데려다 주었지."
"할아버지도, 증조할아버지도 황새가 데려다 주었나요?"
"그럼, 모두 황새가 데려다 주었지."
이튿날 학교에서 작문시간에 어린이가 작문을 썼다.

"아빠의 증언에 의하면, 우리 집안은 증조할아버지 때부터 3대에 걸쳐 성행위가 없었던 것 같다."

제8장

돈과 유머
Talmud

특제 성냥

이스라엘로 이민 온 지 얼마 안 되는 코헨이 먼저 이민 온 친구에게 물었다.

"독일계 유대인과 폴란드계 유대인을 구별하는 방법이 있을까?"

방법을 알려준다며 친구는 코헨을 쇼핑센터로 데리고 갔다.

두 사람은 먼저 독일계 유대인이 경영하는 잡화점에 들어가 성냥 한 통을 사려고 했다. 주인이 내놓은 성냥 통을 열어 본 친구는 이렇게 말했다.

"이런 성냥 말고요. 내가 원하는 건 성냥개비의 머리가 반대 방향으로 들어 있는 것이라고요."

그러고는 그 성냥을 돌려주었다. 그러자 잡화상 주인은 선반에서 다른 성냥갑을 꺼내 보았지만 성냥 머리가 모두가 바깥 방향이라 당황한 기색이 역력했다.

그 다음에 들어간 곳은 폴란드계 유대인의 잡화상이었다. 손님이 트집을 잡자, 가게 주인은 책상 밑에 성냥갑을 감추고 안쪽의 성냥개비의 방향을 슬쩍 바꾸어 놓고는 손님 앞에 내밀더니 말했다.

"이것이 원하시는 성냥이죠? 하지만 특제라 2할쯤 비쌉니다."

치료비

리버만 박사는 유명한 심장병 의사로 초진 환자는 30달러, 재진 환자는 15달러를 받았다. 어느 환자가 30달러가 너무 비싸다고 생각했다. 그래서 궁리 끝에 리버만 박사를 만나서 첫인사를 이렇게 했다.

"박사님! 안녕하셨어요? 또 찾아왔습니다."

머리 좋아지는 생선

유대인이 기차 안에서 소금에 절인 청어를 먹고 있었다. 먹다 남은 머리 부분을 신문지에 싸고 있는데 건너편에 앉아 있던 폴란드인이 유대인에게 물었다.

"우리도 소금에 절인 청어를 늘 먹고 있지만 특히 머리 부분을 먹으면 머리가 좋아진다면서요?"

"그러시다면 이 머리 부분을 사시죠. 그렇지 않아도 이걸 집에 가지고 가서 아이들에게 먹였으면, 하고 생각했는데……."

"좋습니다. 하나에 1즐로티(폴란드의 화폐 단위)라면 사겠습니다."

결국 폴란드인은 5즐로티를 내고 청어 머리 다섯 개를 받았다. 먹기 힘든 것을 참고 청어를 다 발라 먹은 폴란드인은 얼마 후 불쾌한 표정을 짓고 있다가 토해내듯이 말했다.

"당신도 참 지독한 사람이군요. 5즐로티라면 다음 역에서 청어 다섯 마리를 사더라도 거스름돈을 받을 것이오."

그러자 유대인이 말했다.

"그것 보세요. 벌써 머리가 좋아지지 않았소?"

가난한 사람과 부자

랍비가 어느 날 이렇게 설교했다.

"가난한 사람은 저 하늘나라에서 부자가 될 것이고, 이 땅에서 자기만 알던 부자는 저 하늘나라에서 가난해질 것입니다. 하나님은 공평하신 분이십니다."

다음 날 아주 가난한 남자가 랍비에게 찾아와서 물었다.

"랍비님! 저는 이 땅에서 가난합니다. 저 하늘나라에 가면 부자가 될까요?"

"그렇습니다. 이 땅에서는 가난해도 저 하늘나라에 가면 부자가 될 것입니다."

"그러면 랍비님! 저 하늘나라에서 갚겠습니다. 10만 달러(한화 약 1억 원)만 빌려 주십시오."

랍비는 아무 말도 않고 10만 달러를 빌려 주려고 돈을 꺼냈다. 그 남자가 어리둥절해할 때 랍비가 물었다.
"이 돈 가지고 무엇을 할 건가요?"
"장사하려고 합니다."
"왜요?"
"돈을 많이 벌려고요."
이 말을 듣자 랍비는 빨리 그 돈을 도로 책상 서랍에 넣으면서 말했다.
"이 땅에서 돈을 많이 벌면 당신은 하늘나라에 가서 가난해질 것입니다. 그러면 내 돈을 갚을 수 없지요. 그러니 빌려 드릴 수 없어요."

몰라서 덕 봤다

유대인 한 명이 뉴욕으로 이민을 왔지만 영어를 한마디도 못했던지라 그는 길거리에서 단추와 바늘 등을 팔면서 근근이 살았다. 어느 날 유대인 회당에서 관리인을 구한다는 소문을 듣고 그 유대인이 그곳을 찾아갔다.

"영어를 할 줄 아나요?"

"아니오, 모릅니다."

"죄송합니다. 이곳에서 일하려면 적어도 기본적인 영어는 알아야 합니다."

몇 년 후 그는 부동산으로 많은 돈을 벌어 은행에서도 알아주는 큰 부자가 되었다. 어느 날 30만 달러(한화 약 3억

원) 정도를 대출받으러 은행에 갔다.

"이 서류를 작성하시고 서명하십시오."

"나는 글을 모릅니다."

"영어를 모르면서도 그렇게 큰돈을 벌었는데 영어를 알았다면 얼마나 더 벌었을까요?"

그때 그가 말했다.

"만일 내가 영어를 잘했다면 나는 회당 관리인으로 살아야 했을 겁니다."

경비병

러시아 페테르부르크의 국립은행 입구에 경비병 한 명이 보초를 서고 있는 것을 본 유대인 울프는 이상하다는 듯이 옆에 있던 사나이에게 물었다.

"귀중한 나라의 재산을 지키는데 경비병 한 사람으로 충분할까?"

"물론 한 사람이면 족하지. 금고에 가까이 가는 사람은 아무도 없으니까."

"그렇다면 저 경비병도 세워 둘 필요가 없지 않은가?"

"아니야, 저 녀석을 저기 세워 둠으로써 다른 데서 도둑질을 하시 못하게 하는 거야."

정직한 장사

어떤 사람이 맥주 가게에서 맥주 한 잔을 시켰는데 맥주가 반이고 거품이 반이었다. 손님이 물었다.

"하루에 맥주를 몇 병 파나요?"

"약 스무 병 정도 팔지요."

"나는 더 많이 팔 수 있는 방법을 알고 있지요."

"무엇입니까? 가르쳐주십시오."

"잔에 맥주를 채우면 됩니다."

승소하는 법

어떤 사나이가 변호사를 찾아왔다.

"변호사님, 소송이 시작되기 전에 재판관에게 살이 잘 오른 오리 한 마리를 명함을 붙여서 보내는 게 어떨까요?"

재판관이 강직하다는 걸 잘 아는 변호사는 그에게 이렇게 말했다.

"어림도 없는 소리 마시오. 그런 짓을 하면 뇌물을 바친 죄까지 범하게 되므로 재판은 절대로 당신에게 불리해질 것이오."

그 재판은 결국 승소로 끝났다. 사나이는 크게 기뻐하며 변호사에게 말했다.

"그때 선생께서는 반대하셨지만, 저는 미리 재판관에게

오리 한 마리를 보냈습니다."

그 말을 듣자 변호사는 깜짝 놀라며 말했다.

"하지만, 그 강직하기로 유명한 판사님이 잠자코 있었으리라고는 믿어지지 않는데요."

"아니, 저는 소송을 걸어온 상대방의 명함을 썼거든요."

왕진료를 깎는 묘수

어떤 유대인이 빈에 살고 있는 고명한 의사에게 전보를 쳐서, 진찰비를 많이 지불할 테니 중병에 걸려 있는 아내를 진찰해달라고 부탁했다. 명의로 소문난 노오트나겔 교수는 진찰하기로 하고 길을 나섰다. 그가 유대인이 전보를 친 마을 역에 도착하자 상복을 입고 그를 마중 나온 유대인은 눈물을 흘리며 하소연했다.

"모처럼 부탁을 드렸었는데, 제 아내는 복이 없는지 그만 저세상으로 떠나버리고 말았습니다. 하지만 선생님에게 누를 끼치지는 않겠습니다. 마을 공회당에 마을에서 병을 앓고 있는 사람들을 모아 두었으니 부디 진찰해주십시오. 약속한 왕진료는 어김없이 드리겠습니다."

노오트나겔 교수는 모처럼의 간청을 뿌리칠 수 없어서 많은 환자들을 진찰해주었다. 다음 날 빈으로 돌아가는 교수를 역까지 전송 나온 유대인이 말했다.

"선생님, 고백 드리겠습니다만 실은 저 혼자서는 그 많은 왕진료를 부담할 수 없어서, 어제 봐주신 많은 환자들 틈에 아내도 있었습니다."

운 없는 사람

유대인이 자기 친구에게 말했다.

"나는 운이 없어."

"왜?"

"친구에게 1만 달러를 빌렸는데 그 친구가 방금 죽었어."

"그런데 왜 운이 없나?"

"죽을 줄 알았더라면 5만 달러를 빌릴걸."

독점 사업

유대인들이 초막절 마지막 날인 호산나 랍바날에 모여서 하나님께 기도를 드렸다. 이날은 하나님이 하늘 문을 여시고 기도에 응답하시는 날이라고 여기고 있기 때문이다. 한 사람은 부자가 되게 해달라고, 한 사람은 건강하게 해달라고, 한 사람은 아들을 낳게 해달라고 기도했다. 그런데 그 옆에 거지가 있었다. 사람들이 물었다.

"당신은 무엇을 기도하고 있나요?"

"나는 이 마을에 다른 거지가 없게 해달라고 기도했습니다."

"왜요?"

"독점하고 싶어서요."

두 개의 석판을 주신 이유

하나님은 십계명이 적힌 두 개의 석판을 왜 유대인들에게 주셨을까? 처음에 하나님께서 그 석판을 이집트인에게 주려고 하자 이집트인들이 석판에 새겨진 말씀이 무엇이냐고 모세에게 물었다.

"이웃의 것을 탐하지 말라."

이집트인들은 지킬 수 없다고 잘라 말했다.

"우리는 그 율법을 지킬 수가 없습니다. 우리는 가능한 한 많은 영토를 가져야 합니다."

그래서 하나님은 두 석판을 아메나이트인에게 주시려고 했으나 그들도 같은 질문을 모세에게 던졌다.

"도둑질하지 말라."

아메나이트인들도 지킬 수 없다고 말했다.

"우리는 그 율법을 지킬 수가 없습니다. 우리는 도둑질로 먹고 사는 민족입니다."

다음으로 하나님은 유대인에게 주시겠다고 했다. 유대인들은 얼마냐고 물었다. 하나님은 공짜라고 말씀하셨다.

"공짜라고요? 그렇다면 두 개 주십시오."

경쟁 상대

"큰아버지! 학자금 1천 길더를 보조해 주시지 않으면 물에 빠져 죽을 것입니다."

"감기 들걸?"

"그러면 권총으로 머리를 쏘아 자살할 것입니다."

"돌머리라 총알이 안 들어갈걸?"

"그럼 밧줄을 사다가 목을 매달아 죽겠습니다."

"그런 엉터리 같은 말에 넘어갈 내가 아니다."

"좋아요. 그러면 학교 그만두고 큰아버지 가게 앞에 똑같은 가게를 낼 겁니다."

그때서야 백부는 말했다.

"좋다. 내가 돈을 대줄 테니 학교에 계속 다녀라."

채무와 거짓 증거

코헨이 변호사를 찾아가서 말했다.
"선생님, 저 그린이란 놈은 아주 나쁜 놈입니다. 2천 길더를 즉각 갚지 않으면 고소하겠다고 저를 위협합니다. 하지만 저는 2천 길더를 그에게서 빌린 기억이 없습니다."
"그렇다면 이야기는 간단하지. 이봐요, 서기, 내가 부르는 대로 편지를 써 주게."
'귀하에 대한 채무가 전혀 없음에도 불구하고 빚을 갚지 않는다고 고소하는 것은…….'
"선생님, 잠깐 기다려주십시오. 어디서 법들을 배우셨는지 모르겠지만 그건 큰 착각이십니다. 서기님, 죄송하지만 이런 식으로 써 주십시오."

"선생의 채무인 2천 길더는 이미 갚았음에도 불구하고 고소를 제기한다는 것은 귀하의……."

"코헨 씨, 하지만 당신은 빌린 적이 없다고 하지 않았소?"

"선생님, 만일 선생님 말씀대로 한다면 그린이 증인을 세우게 되고 제가 갚지 않았다고 하는 두 사람의 증인을 찾으면 될 것입니다. 하지만 제가 쓰는 편지처럼 하면 증인은 이쪽에서 세우게 되고, 돈을 갚았다는 것을 증명하는 두 사람은 제 쪽에서 알아서 세우면 되지 않습니까?"

도둑 피하는 노하우

이스라엘의 항구도시 아코바에는 도둑질로 유명한 루마니아계 유대인이 많이 살고 있어서 부카레스트라(루마니아 수도 부쿠레슈티의 영어명)는 말을 따서 아코바레스트라고까지 불리고 있다. 그래서 아코바에서 양복을 맞추면 주머니를 모두 꿰매 둔다고 한다.

텔아비브의 고물상 진열장 앞에서 세 사람의 유대인이 훌륭한 회중시계를 바라보고 있었다. 옛날부터 그곳에 살고 있던 토박이 유대인은 부러운 듯이 말했다.

"머지않아 이런 시계를 갖게 될 거야."

장사를 잘한다는 폴란드계 유대인은 자랑스럽게 말했다.

"나는 이런 시계를 벌써 가지고 있어."
그러자 루마니아계 유대인이 작은 소리로 중얼거렸다.
"가지고 있은 적이 있다고 해야 돼."

맞지 않는 계산

이반이 술 생각이 나서 이웃에 사는 유대인에게 내년 봄에 돈을 돌려주되 이자를 쳐서 2루블을 갚겠다는 조건으로 1루블을 빌렸다. 이반이 담보로 도끼를 맡기고 돌아가려고 하자, 유대인이 그를 불러 세웠다.

"이반 씨, 잠깐 생각난 것이 있는데, 당신이 봄에 2루블을 갚으려면 벅찰 것이니 미리 반만 갚는 게 어떻겠소?"

이반은 그것도 그럴 듯싶어 1루블을 유대인에게 갚았다. 잠시 후 이반은 고개를 갸우뚱하면서 중얼거렸다.

"좀 이상한데. 애써 빌린 1루블은 반을 미리 갚느라고 없어지고 도끼도 빼앗기고, 내년 봄에 또다시 1루블을 갚아야 한다니. 그것 참 이상한 일이군."

9와 6

"그린 씨, 사업을 확장해야 할 일이 생겼는데, 1만 실링 정도 융통해 받을 수 없을까요?"

"좋습니다. 브라운 씨, 당신을 위해서라면 기꺼이 융통해 드리죠."

"그런데 이자는 몇 부면 되겠습니까?"

"9부로 하면 되겠습니다."

"그건 너무하십니다. 같은 유대인끼리 9부라니 너무하지 않습니까? 하나님께서 보시면 뭐라 하시겠습니까?"

그러자 그린 씨는 태연하게 대답했다.

"하나님이 하늘에서 보시면 6으로 보일 겁니다."

선물

어떤 유대인이 도매상에서 물건을 사고 어음으로 물건 값을 지불했다. 도매상 주인은 이 거래를 감사하는 마음으로 장갑 한 켤레를 유대인에게 주었다. 그러자 유대인은 불만스럽게 투덜거렸다.

"겨우 이걸 선물이라고 주는 거요?"

도매상 주인이 농담 삼아 말했다.

"그렇다고 설마 방금 준 어음을 선물로 달라는 건 아니겠지요?"

어음이 가짜라는 것을 안 유대인은 당황해서 말했다.

"천만의 말씀을! 그 어음보다는 이 장갑을 받는 것이 훨씬 낫죠."

어느 회사와 거래하는가?

회사 사장이 걱정스러운 얼굴로 경리과장에게 물었다.

"로젠츠바이크의 회계담당자가 10만 마르크를 횡령해서 줄행랑을 놓았대. 덕분에 그 회사는 지급정지를 당한 모양인데, 우리 회사와의 거래는 얼마나 되는가?"

"그 회사와는 벌써 1년 이상이나 거래가 없습니다."

"그것 참 다행이군. 그런데 베를린의 나하트리히트 회사도 그 짝인 모양인데, 우리 회사하고의 거래액은 얼마나 남아 있지?"

"판매액은 회수가 완전히 끝났습니다."

"그럼 슈바르츠 사와의 거래는?"

"네, 그쪽도 문제가 없습니다."

"또, 벤셔 상회에도 어떤 사건이 터졌다고 들었는데……."

"그 상회와는 거래한 적이 없습니다."

그러자 사장이 불만스럽게 말했다.

"이봐, 그럼 우리 회사는 어느 회사와 거래를 하고 있단 말인가?"

손실 보충

질버스타인이 아들들에게 생활철학을 가르치고 있었다.

"알겠어? 만일 파산하게 되었을 때에는 명랑한 얼굴을 하고 아무 일도 없었던 것처럼 꾸미는 거야."

그러면서 예를 들었다.

"예를 들어, 유대인 여자가 닭 한 마리를 도둑맞았다고 치자. 그러면 그녀는 잠자코 이웃집 닭을 한 마리 슬쩍해 오면 되는 거야. 그러면 이웃집 여자도 또 다른 집의 닭을 훔쳐 오게 마련이지. 결국은 어디에선가 닭 한 마리가 부족하게 되는 셈이지만 유대인 여자의 닭은 전과 마찬가지가 되지."

질버스타인이 계속 말을 이었다.

"그런데 도둑맞았다고 허둥대고 떠들면 어떻게 되는지 알겠니? 근처에 있는 닭장에는 모두 열쇠가 채워지고 자기 혼자만 손해를 보게 되는 거야."

반값 약속

가난한 유대인 마을에서 그 마을 출신으로서 크게 성공한 유대인 석탄 상인에게 석탄 여섯 마차분을 기증해 달라고 부탁했다.

벼락부자가 된 그 석탄 상인은 한 가지 꾀를 내어 생색도 내고, 손해도 덜 보는 방법을 생각해냈다.

"나도 장사꾼이니까, 물건을 거저 줄 수는 없습니다. 하지만 고향 마을에서 모처럼 부탁하는 일이니만큼 값을 반으로 깎아서 드리겠습니다."

그래서 마을의 이장은 우선 마차 세 대분의 석탄을 주문했다. 그런데 몇 달이 지나도 석탄 값을 지불하지 않을 뿐 아니라, 추가 주문도 오지 않으므로 석탄 상인은 독촉장을 보냈다.

그러자 얼마 후 마을 이장으로부터 답장이 왔다.

"……전략. 귀하의 독촉은 납득하기가 어렵습니다. 우리 마을은 귀하로부터는 여섯 대분의 석탄을 반값으로 납입하시겠다는 약속을 받은 바 있으며, 이것은 세 대분의 석탄은 무상으로 공급하겠다는 것으로 해석됩니다. 세 대분은 이미 납품을 하셨고 나머지 세 대분은 우리 쪽에서 청구하지 않기로 했습니다. 이하 생략."

경제의 기적

폴란드의 바르샤바에서 어떤 유대인이 의기양양하게 말하고 있었다.

"모세 씨, 내 바지를 좀 보십시오. 생각하기에 따라서는 이런 것도 경제의 기적이라고 할 수밖에 없다고 생각합니다.

오스트레일리아에서는 수백만 마리의 양 떼가 사육됨으로써, 그 덕분에 수천 명의 양치기가 밥을 먹고 있습니다. 그 양털이 스코틀랜드까지 운반되고 그곳에서 수만 명의 직공과 수백 명의 공장 경영자가 방직업으로 살아갑니다. 그 다음에 천은 폴란드에 팔리고, 이 나라에서는 의류공장에서 수천 명의 재봉사가 일하고 있습니다. 완성된 제품은 도매점에 납품되고 상인들은 그 덕분에 장사를 하고 있습니다."

그는 계속 말을 이었다.

"그리고 소매점으로 가게 되는데, 내가 이 바지를 신용카드로 사서 비벼 뭉개니까요."

돈 빌리는 기술

그린 씨가 친구인 브라운 씨와 만났다.
"브라운 군, 잠시 50마르크만 빌려 줄 수 없겠나?"
"자네를 위해서라면 기꺼이 빌려 주지."
그로부터 10일쯤 지나서 브라운 씨가 그린 씨에게 말했다.
"그린 군, 자넨 나한테서 50마르크를 빌려 간 게 있지 않은가?"
"물론 빌려 갔지. 그렇다면 50마르크를 보태서 100마르크로 채워줄 수 없겠나?"
"좋아."
얼마 후 두 사람이 다시 만났다. 그린 씨가 브라운 씨에게 말했다.

"브라운 군, 내가 분명히 자네에게서 100마르크를 빌려 갔지?"

"물론이지."

"그렇다면, 아예 100마르크를 보태서 200마르크를 빌려 주었으면 좋겠는데."

"자네가 꼭 필요하다면 할 수 없는 일이지."

그로부터 2주일쯤 지났을 때에 두 사람이 만나자 그린이 또 입을 열었다.

"브라운 군, 내가 자네에게 200마르크의 빚이 있지?"

그린이 고도의 술수로 돈을 빌리는 것을 눈치 챈 브라운이 더 이상 속지 않겠다는 듯이 말했다.

"아니야, 자네에겐 돈 빌려 준 적 없어."

진짜 장사꾼

자그마한 상점을 가지고 있는 유대인이 중병에 걸려 임종 직전에 이르자 가족 일동이 베개 옆에 모여 엄숙한 기분으로 지켜보고 있었다.

이윽고 빈사상태에 있는 사나이가 들릴락 말락 하는 목소리로 말했다.

"여보, 여보, 어디 있소?"

"여보, 여기 있어요."

"아들아, 아들은 어디 있느냐?"

"네 아버님, 제 얼굴이 보이십니까?"

"딸애는 어디 있느냐?"

"아버님, 여기 있어요. 이렇게 아버님의 손을 잡고 있지 않아요?"

그러자 사나이는 마지막 안간힘을 쓰며 일어나려고 했다. 그러고는 가래 끓는 소리를 내뱉으며 혀를 찼다.

"그럼 도대체 가게는 누가 보고 있단 말이냐!"

# 칼 사는 법

농부가 칼을 살 때에는 대개 세 가지 테스트를 한다. 첫 번째 테스트는 솜털을 잘라보는 것이다. 테스트에 합격하면, 두 번째 테스트는 돌에 부딪쳐보아 불꽃이 튀는가를 확인한다. 두 번째도 합격하면, 세 번째 테스트를 행한다. 그것은 주위를 둘러보고 칼을 옷 속에 몰래 감춘다. 이것이 잘 안 되면 칼을 돌려주는 수밖에.

경험

"골드베르크 씨가 이번에 사업을 시작하면서 당신을 동업자로 삼았다고 하던데, 돈 한 푼 없는 당신을 용케도 파트너로 삼았군요."

"그렇게 남을 깔보지 마시오. 나는 돈은 없지만 경험만은 풍부하단 말이오."

"하긴 그래요. 하지만 얼마 후에는 당신이 돈을 움켜쥐게 되고, 골드베르크 씨는 한 가지 경험을 얻는 셈이 되겠군요."

수금사원

카안이 경찰에 호소했다.

"사기꾼이 나의 대리인이라고 속이고 10만 프랑이나 되는 돈을 사방에서 수금해 도망쳤습니다. 10만 프랑이라면 다른 수금사원 전부가 뛰어다니며 수금해도 좀처럼 걷히지 않는 큰돈인데 긴급 수배해서 그 사나이를 잡아주십시오."

경찰관은 안되었다는 듯이 말했다.

"알았습니다. 즉각 체포해서 감옥에 넣겠습니다."

그 말을 들은 카안은 당황해서 말했다.

"잡아넣다니요? 그러면 곤란합니다. 나는 그 사람을 수금사원으로 채용하려고 하는데요."

동료

재판관이 사기꾼을 심문했다.

"자넨, 이 사기 행위를 단독으로 했는가?"

"네, 저는 언제나 혼자서 일을 하거든요. 동료 같은 게 있으면 신용할 수 있는 놈인지 도무지 믿을 수 없으니까요."

용도 변경

세관에서 관리와 여행자가 옥신각신하고 있었다.

"그 보따리는 무엇입니까?"

"아아, 이건 닭에게 주는 사료입니다."

"좀 펼쳐 보여주십시오. 어, 이건 수입금지 품목인 원두커피가 아닙니까? 이게 어떻게 닭에게 먹이는 사료란 말입니까?"

"닭이 원두커피를 먹지 않는다고요? 그럼 사료로 사용하는 건 단념해야겠군요."

장사의 셈법

그린 씨가 도산했다는 소식을 듣고 거래처의 브라운 씨가 얼굴이 새파랗게 질려 달려왔다.

"그린 씨, 오랜 거래처인데다가 당신의 친구이기도 한 나에게 큰 손해를 끼칠 작정은 아니겠지요?"

"브라운 씨, 그런 걱정은 하지 않아도 돼요, 당신에게는 손해를 끼치지 않게끔 미리 손을 써놓았어요. 다른 채권자에게는 50퍼센트만 지불해도 다행히 당신에게서 납품받은 물건은 손 하나 까딱하지 않고 그냥 두었으니까요."

"뭐라고요? 설마 당신은 그 물건을 그대로 내게 돌려주지는 않겠죠. 그렇게 되면 나는 큰 손해요. 나에게는 30퍼센트만 지불해 주시오."

거스름돈

역의 매점에서 독일계 유대인과 루마니아계 유대인이 서서 주스를 마시고 있었다. 루마니아계 유대인은 주스 대금인 5피아스톨(유럽의 옛 화폐단위)을 동전 다섯 개로 지불했지만 독일계 유대인은 1파운드(영국의 화폐단위)짜리 지폐로 지불했다. 그런데 매점의 점원이 착각하고 거스름돈을 루마니아계 유대인에게 주고 말았다.

이엣케란 이름을 가진 독일계 유대인은 본래 따지기를 좋아하는 성미여서 따지고 들었지만 루마니아계 유대인은 태연하게 거스름돈을 주머니에 챙겨 넣고 그 자리를 떠나려고 했다. 이엣케가 점원을 향해서 거스름돈을 요구하자 자신이 착각했음을 안 점원은 아차 하고 루마니아계 유대인을 쫓아가 거스름돈 도둑이라고 욕을 퍼부었다.

그러자 루마니아계 유대인은 얼굴색 하나 변하지 않고 대답했다.

"이봐, 당신 가게의 주스가 몇 푼 하는지 내가 알 턱이 없지 않은가!"

날벼락

텔아비브의 루마니아계 유대인이 경영하는 요리점에 손님이 한 사람 들어와 외투를 벽에 걸고는 좌석에 앉았다. 그러고는 웨이터에게 보일드 비프(쇠고기 요리)를 주문했다. 웨이터가 잠시 후 돌아와 말했다.

"죄송합니다만, 벌써 떨어졌습니다."

할 수 없이 비프커틀릿을 주문하자, 다시 한참 만에 웨이터가 말했다.

"비프커틀릿도 떨어졌습니다."

손님은 화가 나서 말했다.

"아무것도 필요 없으니 내 외투나 가지고 와!"

"외투도 없어졌습니다."

채권자의 등급

채권자가 채무자에게 빚 독촉을 하며 말했다.

"당신에게 빌려 준 1천 프랑을 언제 갚아 주겠소?"

채무자는 채권자에게 말했다.

"실은 채권자를 세 가지로 구분하고 있습니다. 제1종은 어떻게든지 돈을 마련해서 갚아야 할 상대, 제2종은 내가 갚을 때까지 기다려주는 상대, 제3종은 안 갚아도 그만인 상대입니다."

"그럼, 나는 어떤 종류에 속한단 말이요?"

"당신은 현재는 제1종이지만, 너무 떠들면 제3종이 되며, 일단 강등되면 절대로 승진하지 못합니다."

삼단논법

손님이 카페에서 애플파이를 주문했다. 웨이터가 파이를 가지고 오자, 손님은 마음이 달라졌다고 하며 파이를 돌려보내고 브랜디를 한 잔 주문했다. 가지고 온 브랜디를 단숨에 들이켠 손님은 그냥 돌아가려고 했다.

그러자 웨이터가 당황하며 그를 붙들었다.

"손님, 브랜디 값을 받지 않았는데요?"

손님은 태연스럽게 말했다.

"하지만 그 대신 애플파이를 돌려주지 않았는가?"

"그 파이의 대금은 받은 적이 없습니다."

"그건 당연한 일이지. 내가 먹은 게 아니니까."

훈장의 가치

러시아 황제를 위해 봉사하던 유대인 병사가 공을 세워 훈장(勳章)을 받게 되었다. 장교가 게오르기 십자훈장을 받을 것인지, 100루블을 받을 것인지 택하라고 했다. 그러자 유대인은 장교에게 물었다.

"게오르기 훈장은 값이 얼마나 나갑니까?"

"그런 바보 같은 말이 어디 있는가? 훈장은 명예의 표징일 뿐 1루블의 가치도 없는 것이야."

"그렇다면 99루블과 훈장을 받을 수는 없을까요?"

거지의 소망

어떤 가난한 유대인이 이렇게 말했다.

"나는 이 도시에서 유일한 거지가 되고 싶다!"

이 말을 들은 친구들이 깜짝 놀라서 물었다.

"아무리 어렵더라도 스스로 택해서 거지가 되다니 그게 말이나 되는가?"

"하지만 이 도시가 자선사업을 위해서 1년에 돈을 얼마나 쓰고 있는지 알고나 있나? 자그마치 1만 루블이야. 내가 이 도시의 유일한 거지가 되면 그 돈이 몽땅 나한테 올 게 아닌가?"

투기의 요령

돈을 잘 버는 유대인에게 어떤 남자가 물었다.

"시기 씨, 투기하는 데에도 요령이 있나요?"

"물론 있고말고요. 예를 들어, 달걀 값이 올랐다고 해서 양계장을 차렸다고 합시다. 그런데 장마가 계속되어 홍수가 나자 닭이 모두 물에 빠져 죽었지요. 그런데 투기에 요령이 있는 사람은 이것을 내다보고 벌써 오리를 기르고 있었단 말이오."

매상이 올랐을 때

유대인 가게 주인이 아내에게 말했다.

"알겠어? 매상이 좋지 않았을 땐 가게를 닫고 등을 밝게 켠 뒤, 흥겨운 척하는 거야. 그리고 매상이 좋았던 날에는 촛불 하나만 켠 채 조용히 있는 거지."

그 말을 들은 아내가 납득이 가지 않는다는 표정으로 물었다.

"하지만 여보, 그건 정반대가 아니에요?"

가게 주인이 '이런 바보 같은 여편네가 다 있나?' 하는 얼굴로 말했다.

"그래서 여자는 소견이 좁다는 기야. 우리 가게의 매상이 올랐을 때에는 다른 사람에게 은밀히 해두지 않으면 안 돼. 전등이 밝게 켜져 있으면 남들은 우리가 돈을 잘 벌고 있으려니 생각하고 배 아파할 것이지만, 촛불 하나만 켜 두면 장사가 신통치 않다고 생각하고 기분 좋게 생각할 것이 틀림없어요. 그러면 우리가 기뻐할 때에는 다른 사람들도 기뻐하게 될 게 아닌가!"

임기응변

유대인 상점에 아동복을 사러 온 남자가 물건을 고르면서 주인에게 물었다.

"이 천은 세탁해도 줄지 않을까요?"

"물론이죠. 이것은 우리 가게에 있는 것 중에 최고품이어서 절대로 줄지 않습니다. 걱정하지 않아도 됩니다."

일주일 쯤 지나서 그 가게에서 산 옷을 세탁했더니 금방 줄어들었다. 분통이 터진 남자가 가게로 찾아가 소리쳤다.

"보증한다는 양복이 이 꼴이오! 자, 어떻게 하시겠소?"

그러자 유대인은 태연하게 몸에 맞지 않은 양복을 입은 어린이를 유심히 바라보면서 말했다.

"아이, 귀엽기도 해라. 일주일 전보다 많이 자랐구나."

정의

유대 상인 코프시타인이 거래상의 문제로 재판을 받게 되었는데, 갑작스런 일이 생겨 소송 결과를 묵고 있는 호텔에 전보로 알려달라고 변호사에게 부탁해두고 여행을 떠났다. 그러자 어느 날 반가운 소식이 전해졌다.

"정의가 역시 승리했다."

코프시타인은 상대방이 이긴 줄 알고 즉시 전보를 쳤다.

"즉각 항소하시오."

> **편역자 주** 코프시타인은 자신이 정의롭지 못하다는 것을 이미 알고 있었기에 상대방이 이긴 줄 알았다고 생각한 것이다.

에누리 철학

"이 상의는 얼마요?"

"12길더입니다."

여기서 손님은 머릿속으로 주판을 튕기기 시작했다.

'12길더라는 값을 매겼으면 사실은 10길더가 제값일 것이다. 그렇다면 8길더까지는 깎일 각오를 하고 있다고 생각해도 될 것이다. 그런데 나는 4길더밖에 지불할 생각이 없으므로 2길더라면 살 수도 있겠다고 말해야겠군.'

대용품

　　　　　　　　가게 주인이 새로 채용한 점원에게 장사하는 요령을 가르치고 있었다.

"이봐, 가게에 손님이 원하는 물건이 없다는 이유만으로 손님을 돌아가게 해서는 안 되는 거야. 훌륭한 장사꾼이란 반드시 대용품을 손님에게 팔아야만 되는 거야. 알겠어?"

그런데 점원이 가게를 보고 있는데 손님이 찾아왔다.

"저, 화장지가 필요한데 혹시 있는지요?"

"참으로 죄송합니다. 마침 물건이 떨어져서……."

여기서 점원은 주인이 한 말이 생각났다.

"저, 화장지는 떨어졌지만, 최고급 사포는 어떠실는지요?"

편역자 주 사포 - 금강사(金剛沙)나 유리 가루, 규석(硅石) 따위의 보드라운 가루를 발라 붙인 천이나 종이. 쇠붙이의 녹을 닦거나 물체의 거죽을 반들반들하게 문지르는 데에 쓰이는 종이 천.

첫째 골칫거리

"오랜만이군, 그래 경기가 어떤가?"

"걱정거리가 생겨서, 그것만 없으면 그런대로 견딜 만하지."

"나처럼 귀찮은 일은 모두 변호사에게 맡기면 되지 않는가. 5천 길더만 주면 걱정거리는 무엇이든지 척척 해결해 주더군."

"하지만 그 5천 길더가 문제야. 그게 있어야 변호사가 일을 시작하거든. 그래서 그것을 마련하는 것이 첫째 골칫거리야."

어쩔 수 없을 경우

"당신 가게에서는 청어가 한 마리에 40페니 하지만, 건너편 가게에선 20페니에 팔고 있다고요."

"그렇다면 그쪽 가게에 가서 사면 될 것 아니오."

"그런데 지금은 모두 팔리고 물건이 없소."

"아, 그래요? 우리 집에서도 다 팔린 다음에는 20페니에 드리죠."

바닷물이 다 팔렸네

베를린의 유대 상인 만데르케른 씨는 휴양차 해변에 있는 호텔에 묵었다. 돈을 조금 더 주고 바닷물을 데워 달래서 목욕을 했다. 잠시 동안 쉬던 중 베란다에서 바다를 내려다보니 마침 썰물 때라 바닷물이 바닥나 있었다. 이것을 보고 만데르케른 씨가 한숨을 쉬며 말했다.

"정말 경기가 좋은 장사군. 이렇게 잘되는 장사도 있담!"

다급하면 찾아오지

병이 위독해지자 침대 머리에서 돈을 빌려 간 사람들의 이름과 금액을 아들에게 받아쓰게 하던 유대인이 지쳐서 목소리조차 나오지 않게 되었다. 그러한 부친을 격려하여 아들이 말했다.

"아버지, 만일을 위해서 아버지에게 돈을 빌려 준 사람들의 이름도 알아두었으면 하는데요?"

그러자 부친은 힘없는 소리로 이렇게 말하는 것이었다.

"그럴 필요까지는 없어. 그쪽에서 저절로 찾아올 테니까."

진의(眞意)

거래를 끝낸 브로호 씨가 상대방을 나무라듯이 말했다.

"나와 경쟁자인 레비의 말로는 당신은 참으로 예의 바른 사람이어서 손님이 돌아갈 때에는 촛불을 켜 들고 문 앞에까지 전송해준다고 들었는데, 나와 거래를 끝내고는 왜 전송해주지 않는 거요? 어음으로 지불하는 레비는 전송하면서 현금으로 지불하는 나는 전송하지 않는다니 납득이 가지 않소."

"그건 혹시 어음을 끊은 사람이 입구에서 넘어져 목뼈라도 부러지는 날이면 큰 손해를 보기 때문입니다."

최신식 기계

영국 섬유산업의 중심지인 리즈에서 온 유대인이 폴란드의 섬유산업 중심지인 웃지에 사는 유대인에게 의기양양한 얼굴로 말했다.

"우리 고장의 공장은 최신식 기계를 설비하고 있어서 양에서 깎아낸 양털을 그대로 기계에 넣으면 양복이 완성되어서 나오지."

그 말을 듣고 있던 웃지의 유대인은 경멸하는 듯한 얼굴로 대답해주었다.

"이봐, 그런 건 이미 구식이야. 우리 고장에 있는 기계는 양털을 넣으면 돈이 나온다고."

정직의 가치

"아빠, 정직이란 어떤 것을 뜻하는 말인가요?"

"한 가지 예를 들어서 설명해주마. 만약 네가 전에 20센트를 길에서 주었다고 치자. 이런 사소한 돈은 경찰과 나에게 갖다 줘봤자 아무 소용이 없어. 그러니까 자기 주머니에 넣는 게 좋을 거야. 하지만 100달러를 주었다면 경찰관에게 갖다 주어야지. 그러면 너는 정직한 사람이 되고, 그것이 큰 재산이 되지. 하지만 만일 1만 달러를 주었을 땐 정직 따위를 따질 필요가 없는 것이란다."

뛰는 놈 위에 나는 놈

어떤 회사의 사장이 판매부장을 불러서 상의했다.

"여름 바지가 200벌이나 재고로 남았는데 어떻게 처분할 수 없을까요?"

"지방으로 발송하면 되지 않을까요?"

"철이 지나서 시골에서도 팔리지 않을 것 같은데……."

"좋은 아이디어가 있습니다. 짐을 열 벌씩 싸서 소매점에 견본으로 보내는데 청구서는 여덟 벌분으로 냅니다. 하지만 손해를 보지 않게끔 값을 올려서 말입니다. 그러면 소매점에서는 두 벌이 잘못 계산되어 더 온 것으로 알고 여덟 벌의 견본을 살 것입니다. 바로 그 점을 노리는 거죠."

사장은 좋은 아이디어라고 감탄하고 즉시 바지를 발송하도록 지시했다. 그런데 그로부터 일주일이 지나 사장이 판매부장을 불러 호통을 쳤다.
"이봐요, 판매부장! 당신 사표를 내야겠소. 소매점에서 바지를 사주기는커녕 두 벌을 빼고 반품해왔단 말이오!"

식당의 테이블보와 메뉴

유대 요리를 파는 식당은 일반적으로 지저분하기로 유명하다. 어떤 식당에서 웨이터가 손님에게 메뉴를 내밀려고 하자 손님이 말했다.

"메뉴 따위 필요 없어. 먼저 국수가 들어간 수프를 가지고 오시오. 그 다음에 삶은 쇠고기를 가져오고 디저트로는 설탕에 저린 살구를 주고."

"손님께선 저희 집 요리에 훤하시군요."

"그 정도는 테이블보만 봐도 환히 알 수 있는 일이오."

바보 웨이터

세 사람의 유대인이 레스토랑에서 음식을 주문했다.
"나는 홍차를 줘."
"나는 홍차에 레몬을 띄워 줘."
"나는 홍차를 들겠는데, 잔을 깨끗이 씻어 줘."
잠시 후 웨이터가 홍차 석 잔을 가지고 와서 말했다.
"씻은 잔은 어느 분이 주문하셨던가요?"

마음 변한 소 주인

독일계 유대인이 시장에서 말라비틀어진 소를 팔려고 단돈 100파운드의 값을 불렀음에도 불구하고 사려는 사람이 나타나지 않았다. 폴란드계 유대인이 이것을 보고 동정해서 말했다.

"당신은 장사 방법이 글렀소. 내가 팔아드리지."

그리고 큰 소리로 외쳤다.

"자아 여러분 최고의 암소입니다. 사료 값이 들지 않고 기르기도 쉽습니다. 게다가 우유가 풍부하게 나오는 암소가 단돈 400파운드입니다!"

그러자 사려는 사람이 떼 지어 모여들어 폴란드계 유대인을 둘러쌌다. 이것을 본 독일계 유대인은 깜짝 놀라 사람

틈을 헤치고 들어가 소의 고삐를 잡으며 이렇게 말했다.

"농담 작작하시오. 이렇게 훌륭한 소를 누가 400파운드에 판단 말이오? 이건 내 소이니 내가 끌고 가겠소."

적십자

등산광인 브라운과 그린이 알프스의 아이거 북벽을 정복하려고 했지만 약 200미터쯤 올라가다가 그만 발을 잘못 디뎌 미끄러져 떨어지고 말았다. 다행히 자일이 바위 끝에 걸려 두 사람은 공중에 매달린 꼴이 되었다. 스위스의 구조대가 헬리콥터를 타고 날아와 확성기로 두 사람을 격려했다.

"이쪽은 적십자 구호대입니다."

그러자 두 사람은 소리 맞추어 대답했다.

"적십자에 기부금은 열심히 냈습니다. 밀린 돈이 없는데요. 가셔도 됩니다."

계산 불균형

시골에서 올라온 유대인이 그곳에서 가장 값싼 식당에서 30코페이카로 식사를 한 것까지는 좋았는데 밖으로 나오자마자 복통이 났다. 게다가 설사가 급한 나머지 공원의 나무 그늘에 웅크리고 앉아 일을 보다가 경찰관에게 들켜 3루블의 벌금을 내고 말았다. 유대인이 투덜대며 말했다.

"식사 값이 30코페이카인데 용변 보는 값이 3루블이라니 이건 균형이 맞지 않는군."

유대식 윤리

"아빠, 윤리란 무엇인가요?"

"음, 예를 들어 이런 것이지. 즉 우리 집 가게에 손님이 온다고 치자. 그리고 60실링어치를 쇼핑했는데 100실링짜리 지폐를 내고 거스름돈을 받지 않고 돌아갔어. 여기서 윤리란 무엇인가 하는 설명이 나오지. 아빠가 이것을 주머니에 챙겨 넣을 것인가, 동업자와 나누어 가질 것인가 하고 생각하는 것이 윤리야."

전보 비용 아끼는 법

로제츠바이크 부인이 여행을 떠난 남편으로부터 전보를 받았다.

'서부역 17시 30분 도착으로 돌아감. 방울뱀 가지고 감.'

역으로 남편을 마중 나온 부인이 수하물을 어정쩡하게 바라보면서 물었다.

"여보, 방울뱀은 어느 짐에 들어 있어요?"

"아, 뱀 말이오? 그냥 전보요금이 같다고 하기에 덧붙였을 뿐이야. 우체국이 득 보는 게 싫어서……."

에누리

유대인은 물건을 살 때에 에누리를 잘 한다. 한 유대인 소년이 자신의 아버지가 물건을 살 때에 언제나 물건 값을 깎는 버릇이 있다는 것을 잘 알고 있었다. 어느 날 아버지가 소년에게 물었다.

"모리스야, 둘 더하기 둘은 얼마지?"

"여섯!"

"그렇지 않아, 넷이야."

"그건 알고 있지만, 만일 넷이라고 대답하면 아버지는 둘로 깎았을 거예요."

혼숫감 대신 소송사건

변호사인 코헨이 사위가 될 청년 변호사에게 말했다.

"딸에게 별로 혼숫감도 장만해 주지 못했으니, 자네에게 돈이 될 만한 소송사건을 한 건 양보해 주지."

얼마 후 사위는 장인에게 자랑스러운 듯이 말했다.

"장인어른, 그 소송을 끝냈습니다."

그 말을 들은 코헨은 깜짝 놀라며 소리쳤다.

"바보 같은 짓을 했군. 그 소송 덕분에 나는 15년 동안이나 먹고살아 왔는데!"

편역자 주 악덕 변호사들은 한 소송사건을 맡으면 시간을 되도록 길게 끌어 더 많은 돈을 벌려고 한다. 변호사 비용은 시간당으로 부과하기 때문이다.

중매쟁이 때문에

한 유대인 청년이 중매쟁이의 소개로 부자 유대인의 집에 초대를 받아 그 집의 딸과 저녁을 함께 먹고 돌아왔다. 중매쟁이는 그 청년에게 "자네는 그 집과 그 가족들을 어떻게 생각하지?"라고 물었다.

"참으로 좋았습니다. 특히 나이프와 포크가 모두 은제(銀製)인 것에 크게 마음이 움직였죠. 그런데 한 가지 마음에 걸리는 게 있습니다요. 제 마음을 얻으려고 그 은제 식기를 다른 집에서 빌려 온 것은 설마 아니겠죠?"

그러자 중매쟁이가 이렇게 대답했다.

"자넨 왜 그렇게 쓸데없는 일만 생각하나? 누가 그렇게 평판이 나쁜 집에 귀중한 식기를 빌려 주겠나?"

교육혁명이 시작되었습니다!

자녀교육 + 교회 성장 고민하지요?

Q 1: 왜 현대 교육은 점점 발달하는데 인성은 점점 더 파괴되는가?
Q 2: 왜 자녀들이 부모와 코드가 맞지 않아 갈등을 빚는가?
Q 3: 왜 대학을 졸업하면 10%만 교회에 남는가? 교회학교의 90%가 실패하는 원인은?
Q 4: 미주 한인교회의 청소년은 왜 남은 10%마저도 부모가 다니는 교회를 섬기지 않는가?
Q 5: 왜 현대인에게 전도하기가 힘든가?

근본 대안은 유대인의 인성교육과 쉐마교육에 있습니다

- 어떻게 유대인은 위의 문제를 4천200년간 지혜롭게 해결하고 세계를 지배하고 있는가?
- 어떻게 유대인은 아브라함 때부터 현재까지 세대차이 없이 자자손손 말씀을 전수하는 데 성공했는가?

■ 쉐마교육연구원은 무슨 일을 하나?

1. 2세 종교교육 방향 제시
혼돈 속에 있는 2세 종교교육의 방향을 성경적이고 과학적인 연구에 의해 옳은 방향으로 제시해준다.

2. 성서적 기독교교육 재정립
유대인 자녀교육과 기존 기독교교육 자료를 중심으로 백년대계를 세울 수 있도록 한국인에게 맞는 기독교교육 방법을 재정립한다.

3. 한국인에 맞는 기독교교육 자료(내용) 개발
현 한국 및 전 세계 한국인 디아스포라를 위해 한국인의 자녀교육에 맞는 기독교교육 내용을 개발한다.

4. 해외 및 국내 기독교교육 문제 연구
시대와 각 지역 문화의 변화에 대처하기 위해 계속 연구할 것이다.

5. 교회교육 지도자 연수교육
각 지교회의 부족한 교회교육 지도자를 양성 보충하며 기존 지도자의 필요를 충족시켜준다.

6. 청소년 선도 교육 실시
효과적인 청소년 교육 프로그램을 개발하여 선도교육을 실시한다.

7. 효과적 성서 연구 및 보급
성서를 교육학적으로 보다 깊이 연구하고 효과적인 전달 방법을 개발하여 이를 보급한다

8. 세계 선교 교육
본 교육연구원의 교육이념과 자료가 세계 선교로 이어지게 한다.

■ 쉐마지도자클리닉이란 무엇인가?

쉐마교사대학은 세계 최초로 현용수 교수(Ph. D.)에 의해 설립된, 인간의 인성과 성경적 쉐마를 가르치는 인성교육 전문 교육기관이다. 본 대학에서 가르치는 핵심 교육의 내용 역시 현 교수가 하나님이 주신 지혜로 계발한 것들이며, 거의 모두가 세계 최초로 소개된 인성교육의 원리와 실제를 함께 가르치는 성경적 지혜교육이다.
'쉐마지도자클리닉'은 전체 3학기로 구성되어 있다. 1주 집중 강의 형식으로 3차에 걸쳐 진행된다. 제1학기에는 '유대인을 모델로 한 인성교육 노하우', 제2학기에는 '유대인의 쉐마교육'이 각 지역에서 진행된다. 제3학기는 '유대인의 인성 및 쉐마교육 미국 Field Trip'으로 미국 L.A.에서 현용수 교수의 강의를 듣고 이어 유대인 박물관, 정통파 유대인 회당 및 안식일 가정 절기 견학 등 그들의 성경적 삶의 현장을 둘러보고, 정통파 유대인 랍비의 강의를 듣고 서기관 랍비의 양피지 토라 필사 현장을 체험하며, 현지에서의 졸업식으로 3학기 과정을 마친다.
3학기를 모두 마친 이수자에게는 졸업 후 쉐마를 가르칠 수 있는 'Teacher's Certificate'를 수여하여 자신이 섬기는 곳에서 쉐마교육을 할 수 있도록 도와준다.

■ 누가 참석해야 하나?

· 기존 교육에 한계를 느끼고 자녀교육과 교회학교 문제로 고민하는 분.
· 한국 민족의 후대교육을 고민하며 그 대안을 간절히 찾고자 하는 분.
· 하나님의 말씀을 자손에게 물려줄 수 있는 비밀을 알고자 하는 분.
· 유대인의 효도교육의 비밀과 천재교육+EQ교육의 방법을 알고자 하는 분.

미국: 3446 Barry Ave. Los Angeles, California 90066 USA
　　　쉐마교육연구원 (310)397-0067, Fax.(310)397-6621

한국: 02)3662-6567(도서출판 쉐마) Fax.(02)2659-6567
　　　www.shemalQEQ.org shemaiqeq@hanmail.net

IQ · EQ 박사 현용수의
유대인 자녀교육 총서

	인성교육론 시리즈	쉐마교육론 시리즈	탈무드 시리즈
1	인성교육론 + 쉐마교육론의 총론: IQ는 아버지 EQ는 어머니 몫이다 전3권		탈무드 1 : 탈무드의 지혜 (원저 마빈 토카이어, 편저 현용수)
2	현용수의 인성교육 노하우 1 - 인성교육이란 무엇인가 -	부모여, 자녀를 제자삼아라 전2권 - 유대인 자녀교육이 필요한 이유 -	탈무드 2 : 탈무드와 모세오경 (이하 동)
3	현용수의 인성교육 노하우 2 - 인성교육의 본질과 원리 -	잃어버린 구약의 지상명령 쉐마 전3권 - 교육신학의 본질 -	탈무드 3 : 탈무드의 처세술 (이하 동)
4	현용수의 인성교육 노하우 3 - 인성교육과 EQ + 예절 교육 -	유대인 아버지의 4차원 영재교육 - 아버지 신학 -	탈무드 4 : 탈무드의 생명력 (이하 동)
5	현용수의 인성교육 노하우 4 - 다문화 속 인성 · 국가관 -	자녀들아, 돈은 이렇게 벌고 이렇게 써라 - 경제 신학 -	탈무드 5 : 탈무드 잠언집 (이하 동)
6	문화와 종교교육 - 박사 학위 논문을 편집한 책 -	자녀의 효도교육 이렇게 시켜라 전3권 - 효신학 -	탈무드 6 : 탈무드의 웃음 (이하 동)
7	IQ · EQ박사 현용수의 쉐마교육 개척기 - 자서전 -	신앙명가 이렇게 시켜라 전2권 - 가정 신학 -	옷을 팔아 책을 사라 (원저 빅터 솔로몬, 편저 현용수, 쉐마)
8	가정해체로 인한 인성교육 실종 대재앙을 막는 길 - 논문 -	성경이 말하는 남과 여 한 몸의 비밀 - 부부 · 성 신학 -	
9		성경이 말하는 어머니의 EQ 교육 전2권 - 어머니신학 -	
10		한국형 주일가정식탁예배 예식서, 순서지 - 가정예배 -	
11		하나님의 독수리 자녀교육 - 고난교육신학 1 -	
12		유대인의 고난의 역사교육 - 고난교육신학 2-	
13		승리보다 패배를 더 기억하는 유대인 - 고난교육신학 3-	

이런 순서로 읽으세요 (전 38권)

인성교육론과 쉐마교육론

- 전체 유대인 자녀교육에 대한 개론을 알려면
  - **《IQ는 아버지 EQ는 어머니 몫이다》**(전3권)
- 유대인을 모델로 한 인성교육의 원리를 이해하려면
  - **《현용수의 인성교육 노하우》**(전4권)
- 인성교육론이 나오게 된 학문적 배경을 이해하려면
  - **《문화와 종교교육》**(현용수의 박사 학위 논문)
  - **《IQ·EQ 박사 현용수의 쉐마교육 개척기》**(현용수 박사의 자서전)
- 왜 기독교교육에 유대인의 선민교육이 필요한지를 알려면
  - **《부모여 자녀를 제자 삼아라》**(전2권)
- 쉐마교육론(교육신학)이 나오게 된 성경의 기본 원리를 알려면
  - **《잃어버린 구약의 지상명령 쉐마》**(전3권)
    (쉐마와 자녀신학이 포함됨)
- 가정 해체와 인성교육과의 관계를 알려면
  - **《가정 해체로 인한 인성교육 실종 대재앙을 막는 길》**
- 대한민국 자녀의 이념교육 교재
  - **《유대인이라면 박근혜의 위기 어떻게 극복할까》**

각 쉐마교육론을 더 깊이 연구하려면 다음 책들을 읽으세요

- 아버지 신학 **《유대인 아버지의 4차원 영재교육》**
- 경제 신학 **《자녀들아, 돈은 이렇게 벌고 이렇게 써라》**
- 효 신학 **《자녀의 효도교육 이렇게 시켜라》**(전3권)
- 가정 신학 **《신앙명가 이렇게 세워라》**(전2권)
- 부부·성 신학 **《성경이 말하는 남과 여 한 몸의 비밀》**
- 어머니 신학 **《성경이 말하는 어머니의 EQ 교육》**(전2권)
- 가정예배 **《한국형 주일가정식탁예배 예식서》**(별책부록: 순서지)
- 고난교육신학 1 **《하나님의 독수리 자녀교육》**
- 고난교육신학 2 **《유대인의 고난의 역사교육》**
- 고난교육신학 3 **《승리보다 패배를 더 기억하는 유대인》**

앞으로 더 많은 교육 교재가 발간될 예정입니다. 계속 기도해 주세요.